本书受国家社会科学基金"十三五"规划教育
高校学生权益同等性的保障研究"（项目批准号CL

高等教育管理研究系列丛书

我国民办高校学生权益 同等性保障研究

闫丽雯　著

WOGUO MINBAN GAOXIAO XUESHENG QUANYI
TONGDENGXING BAOZHANG YANJIU

知识产权出版社
全国百佳图书出版单位
—北京—

图书在版编目（CIP）数据

我国民办高校学生权益同等性保障研究/闫丽雯著. —北京：知识产权出版社，
2025.4. —（高等教育管理研究系列丛书）. —ISBN 978 - 7 - 5130 - 9694 - 2

Ⅰ. D922.74

中国国家版本馆 CIP 数据核字第 2024WZ0122 号

责任编辑：贺小霞　　　　　　　　　责任校对：王　岩
封面设计：刘　伟　　　　　　　　　责任印制：孙婷婷

我国民办高校学生权益同等性保障研究

闫丽雯　著

出版发行：	知识产权出版社 有限责任公司	网　　址：	http://www.ipph.cn
社　　址：	北京市海淀区气象路 50 号院	邮　　编：	100081
责编电话：	010 - 82000860 转 8129	责编邮箱：	2006HeXiaoXia@ sina.com
发行电话：	010 - 82000860 转 8101/8102	发行传真：	010 - 82000893/82005070/82000270
印　　刷：	北京中献拓方科技发展有限公司	经　　销：	新华书店、各大网上书店及相关专业书店
开　　本：	787mm×1092mm　1/16	印　　张：	11
版　　次：	2025 年 4 月第 1 版	印　　次：	2025 年 4 月第 1 次印刷
字　　数：	140 千字	定　　价：	68.00 元

ISBN 978 - 7 - 5130 - 9694 - 2

序

党的二十届三中全会提出"引导规范民办教育发展"的明确要求。民办高等教育作为教育体系的组成部分，展现出独特的魅力和活力。民办高校学生能否获得一视同仁的待遇，学生的基本诉求能否得到有效满足，学生的合法权益能否得到切实保障，是值得关注的重要课题。

《我国民办高校学生权益同等性保障研究》一书正是在这样的背景下产生的。作者以扎实的学术功底和敏锐的洞察力，对新时代民办高等教育改革发展进行了全景式描绘，结合新时代民办教育法规政策的历史变迁、世界主要国家私立高校学生权益保障的典型做法、民办高校学生群体的共性与个性特征等多方面因素，分析了新时代我国民办高校学生权益保障同等性的现实状况、时代特征、影响因素以及改进策略。尤其是准确把握新时代民办高校学生权益保障内涵的复杂性，提炼民办高校学生权益的结构性保障不足问题，厘清了民办高校学生权益保障的三对关系。

一是处理好宏观形势与微观感受的依存关系。学生发展水平是民办高等教育改革发展成效的晴雨表。该书立足民办高等教育改革发展的宏观背景，站在全局考察民办高校学生权益保障面临的新形

1

势，明确了民办高校学生权益保障的新期待与新要求。同时，确认民办高校学生群体的地位与尊严，将民办高校学生放在与公办高校学生同等的位置，尽其所能倾听学生的期待与心声，了解学生的所思所想所求，关注他们在接受高等教育过程中的直接体验与动态反馈，力争展现宏观形势与微观感受的有机融合。

二是厘清基本权益到同等权益的进阶。保障民办高校学生权益，永远在路上。该书关注新时代民办高校学生能否获得与同级同类公办高校学生同等的权益，从"基本权益"到"同等权益"，是一种"从有到优"的递进关系。民办高校学生权益保障工作不是一次性或阶段性任务，而是需要长期持续的关注与改进。尤其是随着社会、经济、教育环境的变化，学生需求必然会发生变化，学生权益保障工作随之适应新情况，做出新调整，始终保持与时俱进的实践自觉。

三是同步关注权益的内部增值性与外部同等性。必须强调的是，改革开放以来我国民办高校学生权益保障工作取得了万众瞩目、今非昔比的成就，法规政策体系日趋完善，利益相关方的共识不断增强，新时代我国民办高校学生权益保障的"蓝图"已经绘就，学生权益保障迈入了落实落地的"施工"阶段。在具体的实践中，需以超越自我的勇气，持续关注民办高校学生的多元诉求与客观需要，绷紧为学生成长成才服务这根弦，加强对民办高等教育的引导、规范与支持，促进民办高校学生权益保障工作更上一层楼，真正让所有学生都心有所属、学有所获、学有所成。

民办高校学生权益保障研究具有独特的政策价值、理论价值和实践价值，该书的出版将为学生权益保障工作提供有益的参考和借鉴，也将助推我国民办高等教育的高质量发展。也期待更多同行关注民办高等教育及其学生权益保障问题，共同推动我国高等教育事业的繁荣发展，为教育强国建设做出应有贡献。

周海涛

北京师范大学教育学部教授

前　言

随着我国高等教育普及化进程的推进，我国大学生群体的多元化特征明显增强，大学生的学校来源更加广泛，涵盖了研究型高校、应用型高校、技能型高校等类型，大学生的价值观更加多元，部分学生的个人价值而非社会价值取向占据上风，大学生的学习基础与能力也更加多元，学生评价不仅关注单一的学业成绩，更考验学生的动手操作、人际交往等综合素质。这在很大程度上降低了传统意义上的"好学生"比例，大学生群体的结构更加复杂。

一般而言，高考成绩名列前茅的学生往往优先选择公办高校，高考成绩处于末位的学生则只能选择民办高校、职业高校等学校。应当承认，公办高校极大满足了"好学生"尤其是"学业优等生"的就读需要，但"学业差等生"的多样化教育需求可能被忽视，学生灵活就读的需求可能难以满足。相比于公办高校，民办高校学生情况特殊，他们多在学业上相对落后（少数高水平民办高校除外），具有鲜明的"非典型"特征。学业的相对落后是否直接影响着就读处境的不利？法规政策是否对民办高校学生权益保障同等性进行了明确规定？在应然层面和实然层面，民办高校学生同等权益保障有无差别？民办高校改革发展是否优先考虑了广大学生群体的心声与诉求？政府、学校等主体是否为学生构建起了多维的权益保护屏障等等。

基于以上研究问题，本研究坚持宏观和微观相结合、理论与实

1

践相结合、国际与国内相结合、历史与现实相结合的研究思路，以基本公共服务可及性理论为研究基础，综合采用定量研究和定性研究相结合的混合研究方法，探究新时代我国民办高校学生权益保障同等性的现状及成因并提出针对性的对策建议。

本研究总结回顾了新时代我国民办高等教育在办学规模扩大、特色化办学模式形成、应用型人才培养、师资队伍建设、分类管理改革、服务社会经济发展等方面取得的历史性成就，研判当前民办高等教育改革发展的现实挑战和未来走势。以此为起点，首先，系统梳理民办教育恢复起步期（1978—1992 年）、快速发展期（1993—2002 年）、规范发展期（2003—2016 年）、内涵发展期（2017 年至今）学生权益保障的法律规定，分析不同历史阶段学生权益保障的显著特征，从历史纵深角度形成对民办高校学生权益保障的立体认知。其次，深入探析几个代表性国家在民办高校学生权益保障方面的典型做法，总结出民办高校学生权益保障的经典模式和共性特征。再次，以全国❶东部、中部、西部 3 个地区 9 所学校的 8136 位学生为样本，分析民办高校学生权益保障同等性的现状。从法规政策的供给度、内部治理科学化水平和社会环境友好度三方面，剖析影响民办高校学生权益保障同等性的关键动因。最后，建议进一步加强政府引导与规范，落实好民办高校立德树人使命，大力营造支持性包容性的社会环境，共同保障民办高校学生的同等权益。

本书的撰写与出版得到了众多专家学者的支持与帮助，他们的智慧和见解为本书的完成提供了坚实的基础。在此，我向所有为本书提供支持和帮助的领导、师友、同行表示衷心的感谢。

闫丽雯

二〇二四年十月于北京

中国教育科学研究院

---

❶ 本书调研数据不包含我国港澳台地区的数据。

目　录

第一章　新时代民办高等教育
改革发展概况

　　民办高等教育是我国高等教育的重要组成部分，在加快推进教育现代化进程中发挥着关键作用。本章首先总结了改革开放以来我国民办高等教育在办学规模扩大、特色化办学模式形成、应用型人才培养、师资队伍建设、分类管理改革、服务社会经济发展等方面取得的历史性成就，总结了民办高等教育在满足社会公众多样化就学需求、促进高等教育体制机制创新、推进高等教育普及化进程中的巨大作用。其次，对标高质量高等教育体系的目标要求，提出我国民办高校仍面临着办学质量相对不高、治理科学化水平有待提升、师生权益保障水平相对不高、学科专业设置与产业需求不够匹配、公办和民办高校协同发展机制不够健全等现实挑战。最后，立足高质量发展的新形势，研判未来民办高等教育改革发展的展望。

第一节　新时代民办高等教育的历史性成就

　　新时代，我国民办高等教育呈现出政策供给力度加大、内涵式发展与特色化建设并重、体制机制创新不断深化、多元主体积极参与的良好局面，民办高校在加强专业和课程建设、拓展经费来源渠道、提供特色化资源供给、发挥灵活办学机制等方面采取了诸多创新举措，这些举措不仅有力提升了民办高等教育的办学水平与质量，增强了民办高等教育的国内竞争力和国际影响力，也为全面建设社会主义现代化国家提供了有力的智力支持和人才支撑。

一、办学规模与比例稳步扩大

改革开放以来，我国民办高等教育办学规模经历了从无到有、从少到多的历史性变化，办学地位由中国高等教育事业的"补充"地位发展成为中国高等教育的"重要组成部分"。具体而言，我国民办高等教育在推进高等教育普及化进程、满足人民群众多样化就学需求、缓解公共财政压力等方面发挥着越来越重要的作用。

一方面，我国民办高校经历快速扩张期后进入稳定增长期，有力助推了高等教育从大众化阶段到普及化阶段的转型。2002 年《中华人民共和国民办教育促进法》颁布以来，民办高校的办学活力不断释放，民办高校数量逐年增多，民办高校数量占普通高校数量的比例逐年上升，到 2008 年，民办高校比例接近 1/3（见图 1 - 1）。民办高校规模的快速增长，既受到我国 1998 年高校大规模扩招的影响，也是投资办学驱动下民办高校注重办学规模的必然结果。扩招背景下，我国民办高校复苏进程加快，一起加入了规模扩张的快车道，民办高等教育的体量不断增大，有力满足了适龄青年接受高等教育的需要，加快了我国高等教育普及化的进程。2008—2024 年，我国民办高校数量占普通高校数量的比例为 28% ~29%，且一直保持稳定状态，标志着我国民办高等教育从注重规模扩张的外延式发展阶段逐渐向注重质量提升的内涵式发展阶段转型。

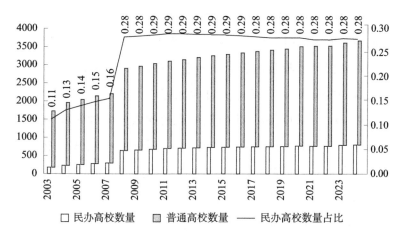

图 1-1　2003—2024 年我国民办高校绝对数与相对数

另一方面，民办高校在校生数量逐年增长，大大满足了社会公众多样化的就学需求。2010 年，中共中央、国务院颁布《国家中长期教育改革和发展规划纲要（2010—2020 年)》（以下简称《规划纲要》），强调要"重点扩大应用型、复合型、技能型人才培养规模"。2003 年，我国民办高校在校生仅为 81 万人；2023 年，民办高校在校生增加到 994.38 万人，在校生的年度增长率约为 13%，民办高校在校生数占全国普通本专科在校生总数的 24% 左右。❶ 极大满足了社会公众多样化就学的需求，为应用型、技能型人才培养规模的扩大做出了重大贡献。

二、特色化办学模式基本形成

与公办高校依赖政府计划的资源配置方式不同，我国民办高校

---

❶ 2023 年教育统计数据［EB/OL］.（2024-12-25）［2024-12-26］. 教育部网站，http://www. moe. gov. cn/jyb_sjzl/moe_560/2023/quanguo/.

主要依赖市场配置资源，政府财政投入比例较低，学费成为其生存发展的主要来源，招生数量直接决定民办高校的办学经费额度。因此，民办高校具备较强的发展危机感、市场敏锐力和环境适应力，较为注重办学投入与产出比，善于最大化地利用办学资源。

经过 40 多年的发展，我国民办高校探索出多种多样的办学模式。从办学主体维度看，民办高校形成了企业办学模式、个人办学模式、基金会办学模式和混合所有制办学模式。❶ 如河北传媒学院、烟台南山学院、宁波财经学院是企业办学模式的代表，分别由精英集团、南山集团和宁波大红鹰教育集团举办。黄河科技学院是个人办学模式的典型代表，胡大白与丈夫杨钟瑶先生于 1984 年拿出家里的全部积蓄 30 元钱，创办了"郑州高等教育自学考试辅导班"，并确立了"为国分忧，为民解愁，为社会主义现代化建设服务"的办学宗旨，提出"全心全意为学生服务、全心全意为教师服务"的办学理念。❷ 西湖大学是基金会办学的典型代表，它的举办方是杭州市西湖教育基金会，该基金会承担着资助新型教育事业、引进国际拔尖人才的重要使命，对学校法人财产权行使管理职能，能从源头上保证资金的捐资性质，摆脱个人或企业办学中的资本逐利性。❸ 从投资和运作视角看，我国民办高校形成了四种典型的发展模式，一是滚动发展模式，这主要出现在民办高校的初创期，民办高校处于"无固定校舍、无专职教师、无流动资金"的"三无"阶段，主要依靠学费进行资金积累和滚动发展，体现出鲜明的"以学养学"特

---

❶ 周海涛，等. 中国教育改革开放 40 年：民办教育卷［M］. 北京：北京师范大学出版社，2019：52-65.

❷ 赵芳芳. 40 周年校庆专题报道‖中国青年报：中国民办高等教育的引领者：黄河科技学院建校 40 周年发展之路［EB/OL］.（2024-05-24）［2024-09-22］. https://www.hhstu.edu.cn/info/1052/22176.htm.

❸ 吕宜之. 非营利性民办高校基金会办学模式探究［J］. 江苏高教，2020（09）：42-47.

征。二是资本参与模式，这种模式在 2002 年《中华人民共和国民办教育促进法》公布后成为主流，资本的进入重新优化整合了民办教育资源，呈现出投入多、标准高、发展快、收益高的办学特点。三是公有改制模式。即在保持原公办高校国有性的基础上，改革学校的财产所有权和办学法人财产权，学校管理实行董事会领导下的校长负责制。如浙江万里学院经过改制，办学成效显著提升。四是依附发展模式。这类模式主要为独立学院，借助原公办高校（母体）的有形和无形资产优势，创办独立于母体学校、具有独立法人资格的民办高校。这类民办高校很多已经完成改设。❶ 值得一提的是，独立学院、中外合作办学等新型办学模式陆续涌现，加快了我国高校体制机制创新的步伐，让高等教育的治理结构更具活力。面向未来，要充分利用民办学校灵活的办学机制优势，形成更加鲜明的办学特色，打造不可替代的学校品牌。

三、应用型人才培养卓有成效

2010 年颁布的《规划纲要》强调要"不断优化高等教育结构，优化学科专业、类型、层次结构，促进多学科交叉和融合"❷。与公办高校相比，我国民办高校开设的专业多为工学、经济学、管理学、艺术学、文学等门类，哲学、教育学、农学、历史学等门类较少，展现出我国民办高校应用型人才培养的定位。实际上，民办高校普遍将应用型人才培养作为自身的重要使命，民办高校的办学层次不断升级，在校生结构不断优化，一流本科专业建设成绩显著，为社

---

❶ 王邦永. 营利性民办高校法人治理研究［D］. 上海：华东师范大学，2022：84.
❷ 国家中长期教育改革和发展规划纲要（2010—2020 年）［EB/OL］.（2010 - 07 - 29）［2024 - 10 - 11］. 新华社，https：//www. gov. cn/jrzg/2010 - 07/29/content_1667143. htm.

会培养出大批应用型、技能型人才，服务于高铁、核电、生物育种、疫苗研发、国防军工等国家重点领域，有力推动了我国经济社会的发展。

第一，民办高校办学层次不断升级。截至2024年6月20日，我国共有民办高校798所，其中民办本科高校425所，占民办高校总数的53.3%；民办专科高校373所，占民办高校总数的46.7%，❶民办本科高校的数量稍高于民办专科高校数量。除四川省、福建省、重庆市、云南省等地区外（本统计截至2023年12月，西藏地区没有民办高校），多数地区的民办高校以本科层次为主（见图1-2）。实际上，自2011年开始，北京城市学院、吉林外国语大学、黑龙江东方学院、河北传媒学院和西京学院5所民办高校正式获得研究生招生资格，改变了民办高校"低层次"办学的印象。2019年，《国家职业教育改革实施方案》提出"开展本科层次职业教育试点"，不少民办高职院校升格为本科层次"职业技术大学"。如2019年5月，泉州职业技术大学、南昌职业大学、山东外国语职业技术大学、山东工程职业技术大学、重庆机电职业技术学院等学校成为全国首批本科职业教育试点高校，从2019年起面向全国招收本科学生。

第二，在校生结构不断优化，形成了专科生、本科生、研究生并存的在校生结构。2003—2010年，我国民办高校在校生主要是本科生和专科生；2011年10月，经国务院学位委员会办公室（以下简称"国务院学位办"）批准，吉林外国语大学、河北传媒学院、黑龙江东方学院、西京学院以及北京城市学院成为全国首批具有硕士专业学位研究生培养资格的民办院校，我国民办高校在校生开始突

---

❶ 全国高等学校名单［EB/OL］.（2024-06-20）［2024-11-11］.教育部网站，http://www.moe.gov.cn/jyb_xxgk/s5743/s5744/A03/202406/t20240621_1136990.html.

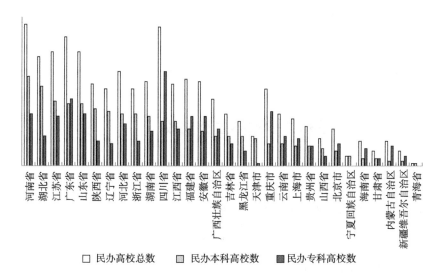

图例：□ 民办高校总数　■ 民办本科高校数　■ 民办专科高校数

图 1-2　2024 年各省（自治区、直辖市）民办本科和专科高校数量对比

破以本科生和专科生为主的单一结构，形成了专科、本科、硕士并存的在校生结构。2012—2020 年，民办高校硕士研究生在校生从155 人增加到 2556 人。2022 年，吉林外国语大学入选吉林省博士学位授予单位立项建设高校；2024 年，吉林外国语大学被吉林省学位委员会确定为博士学位"A+"计划培育单位（2024—2026 年）。

第三，一流本科专业建设成绩显著。近年来，随着全面振兴本科教育、职业教育综合改革等政策的推行，越来越多的民办高校在专业建设、教学改革方面持续发力，有的民办高校异军突起，不断取得专业建设新突破。2019 年教育部启动实施一流本科专业建设"双万计划"，当年公布的 4054 个国家级一流专业建设点和 6210 个省级一流本科专业建设点名单中，10 所民办高校（含独立学院）的7 个国家级专业建设点入选，如大连东软信息学院的计算机科学与技术、软件工程、数字媒体技术专业，福州外语外贸学院的国际经济与贸易和物流管理专业，辽宁对外经贸学院、西安翻译学院、沈阳城市学院、中山大学南方学院（2020 年更名为广州南方学院）、沈阳工学院都有相关专业入选，标志着我国民办高校的专业建设迈上新台阶，为应用型人才培养提供了有力支撑。

四、师资队伍建设取得显著成效

加强民办学校教师队伍建设在我国民办高校高质量发展中发挥着举足轻重的作用。近年来，我国中央和地方各级政府部门采取了系列重要举措，民办高校教师队伍建设成效显著。

《中华人民共和国民办教育促进法》明确规定民办学校与公办学校具有同等法律地位，民办学校教师与公办学校教师具有同等法律地位，为民办高校教师权益保障提供了坚实的法律基础。从实践层面看，我国民办高校教师队伍建设取得了突破性进展。

第一，加强人才引进与培育，注重优化教师队伍结构。各地政府和民办高校越来越意识到师资队伍对学校发展的重要性，部分地方政府出台了相关政策，如上海市 2022 年制定了《上海市民办高校"民师计划"项目管理办法》，闵行区教育局 2024 年出台《闵行区教育局关于进一步规范民办学校教师队伍管理的意见（试行）》，这些政策帮助搭建专业发展平台，切实保障民办高校教师和公办高校教师具有同等待遇，吸引和保留高层次人才；有的民办高校通过提供科研启动费、住房补贴、解决编制等政策，大力吸引招聘海内外优秀高层次人才，如浙江树人学院、宁波财经学院、信阳学院等民办高校在招聘公告中明确提出"解决事业编制"，这为吸引高水平教师提供了重要保障；有的民办高校通过建立教师发展中心和实施青年教师示范性培训项目，加强教师专业能力和教学质量培训，不断提高教师队伍素质和水平。

第二，拓宽教师专业通道，提振教师工作热情。近年来，我国民办高校的职称评审和岗位聘用制度不断完善。很多民办高校实施更加科学和公正的教师考核与评价制度，满足了不同发展基础和发展诉求教师的多元化诉求，畅通了民办高校教师的职业发展和晋升通道。实践中，有的民办高校参照公办高校的做法，推行以教学和科研成果为导向的职称评价体系，教师能够根据自身专长和兴趣选择适合自己的专业发展路线，极大提高了教师的工作积极性。

第三，提高教师工资待遇和社会地位，增强教师职业认同感。与公办高校相比，民办高校教师的薪酬待遇并无优势，有的地区民办高校教师的福利保障水平较低，不少民办高校教师待遇的提升空间非常有限，极大影响了教师队伍的稳定性。近年来，不少民办高校开始着力提高教师薪酬待遇，建立更加完善的薪酬福利制度，通过设立教书育人奖励、科研创新奖金等激励措施，不断增强教师职业归属感和幸福感，切实保障教师合法权益。

五、分类管理取得阶段性进展

2010年，《规划纲要》首次提出"积极探索营利性和非营利性民办学校分类管理"的政策要求，即不再以是否"要求合理回报"作为分类标准，而是以"营利性"和"非营利性"的属性加以区分，旨在通过分类管理促进民办教育的健康发展。2016年11月，全国人民代表大会常务委员会审议通过了《关于修改〈中华人民共和国民办教育促进法〉的决定》，这标志着分类管理政策上升至法律层面，法律明确规定"民办学校的举办者可以自主选择设立非营利性或者营利性民办学校""非营利性民办学校的举办者不得取得办学收益，学校的办学结余全部用于办学""营利性民办学校的举办者可以取得办学收益，学校的办学结余依照公司法等有关法律、行政法规的规定处理"。从《规划纲要》到《中华人民共和国民办教育促进法》（修正案），民办教育分类管理政策完成了从"积极探索"到"贯彻落实"的转变。❶

各省市积极出台民办教育分类管理相关政策，推进分类管理改革落地。2021 年，广东省人民政府颁布《广东省教育发展"十四五"规划》提出要积极稳妥推进民办教育分类管理改革，规范民办教育发展，全面加强民办学校和校外培训机构监管；2022 年 8 月，广东省教育厅以《广东省现有民办学校分类选择登记实施办法》为主文件，以《广东省民办学校财务清算办法》《广东省现有民办学校补偿或奖励办法》《广东省民办学校退出办法》《广东省民办高校财务监督管理暂行办法》《广东省民办学校信息公开办法》为配套文件，推进分类管理改革。❷ 2021 年，宁夏回族自治区发布《宁夏回族自治区教育事业发展"十四五"规划》提出要深化民办教育分类管理改革，进一步健全非营利性与营利性民办学校分类办学体系、差别化扶持体系和长效性监管体系。

从全国范围来看，民办高校分类管理改革正在有条不紊地推进，且取得了阶段性进展，有的省份已经完成分类管理，如黑龙江、上海、海南、重庆、云南、甘肃、青海、宁夏和新疆等；有的省份新设高校完成了分类选择，比如北京、河北、内蒙古、辽宁、浙江、

---

❶ 别敦荣，石猛. 民办高校实施分类管理政策面临的困境及其完善策略 [J]. 高等教育研究，2020，41（03）：68－76.

❷ 杨程. 民办高校分类管理的发展态势、现实困境及推进策略 [J]. 中国高教研究，2023（05）：55－62.

福建、山东、河南、广东、广西、四川、贵州和陕西等。● 当然，也有一些民办高校还处于观望状态，需要重点关注民办高校分类管理改革中的制度困境、认知困境与实践困境。

六、服务地方经济能力不断提升

早在 2018 年的政府工作报告中，国家便强调要以经济社会发展为导向优化高等教育结构，明确了我国高等教育结构改革的基本方向。总体来看，民办高校的区位分布较为均衡，服务地方经济社会发展的能力不断提升。以 2023 年为例，东部地区民办高校数量占全国高校总数的 38%，其人均 GDP 也居于全国前列；中西部、东北地区的民办高校布局也基本与当地人均 GDP 水平保持一致，表明我国民办高校与经济社会发展的协调发展程度较高。一方面，由于市场在民办高校资源配置中发挥着显著作用，地区经济社会发展水平显然是民办高校发展的重要基础，攸关民办高校办学条件的改善、教育教学质量的提升、办学特色的形成等；另一方面，民办高校的快速反应能力和灵活高效的治理效率，使其能够及时瞄准最新的市场需求，加快调整招生规模、学科专业布局、人才培养方式等，为社会源源不断地培养大批应用型、技能型人才，助力经济社会发展。当然，民办高校与经济社会发展的协调程度存在显著的地区差异，民办高校与地区经济社会发展并非完全协调。2023 年人均 GDP 位居前列的省份分别是北京、上海、江苏、福建、浙江，而民办高校数量最多的省份分别是河南省（57 所）、四川省（56 所）、广东省

● 杨程. 民办高校分类管理的发展态势、现实困境及推进策略［J］. 中国高教研究，2023（05）：55－62.

(52 所)、江苏省（46 所）、山东省（46 所）和湖北省（44 所），二者的对应关系并不明显。人均 GDP 最高的北京和上海，民办高校数量未超过 20 所。可见，民办高校的区位结构一定程度上促进了整个高等教育结构布局的均衡性（见表 1 - 1）。

表 1 - 1　2023 年我国 31 个省（自治区、直辖市）人均 GDP 与民办高校数量

序号	人均 GDP（元）	省（自治区、直辖市）	所在地区	民办高校（所）
1	200342	北京	东部	15
2	190713.9	上海	东部	19
3	150583.9	江苏	东部	46
4	129787.5	福建	东部	36
5	125517.7	浙江	东部	31
6	122797.5	天津	东部	12
7	107193.9	广东	东部	52
8	102562.5	内蒙古	西部	10
9	95488.8	湖北	中部	44
10	93814.5	重庆	西部	31
11	90594.2	山东	东部	46
12	85404.6	陕西	西部	33
13	76792.2	安徽	中部	34
14	75731.1	湖南	中部	34
15	73930.8	新疆	西部	6
16	73816.7	山西	中部	11
17	73525.2	海南	东部	10
18	73008.2	宁夏	西部	4
19	71978.6	辽宁	东北	31
20	71809.1	四川	西部	56
21	71113.6	江西	中部	33
22	65732.7	西藏	西部	0
23	63969.7	云南	西部	21
24	63850.4	青海	西部	1

序号	人均GDP（元）	省（自治区、直辖市）	所在地区	民办高校（所）
25	59899.1	河南	中部	57
26	59223.9	河北	东部	38
27	57636.2	吉林	东北	21
28	54235.6	贵州	西部	16
29	53898.1	广西	西部	27
30	51254.9	黑龙江	东北	18
31	47599.5	甘肃	西部	6

数据来源：教育部网站、国家统计局及各省统计局网站，人均GDP数据为2023年度。

第二节　新时代民办高等教育面临的现实挑战

　　建设高质量的高等教育体系是新时代高等教育的重要战略任务，但对于现阶段的民办高等教育而言，仍面临非常严峻的现实挑战，突出表现为办学规模与质量有所失调，内部治理机制不够健全，师生合法权益得不到有效保障，学科专业设置同质化特征明显，公办与民办高校协同发展机制亟待建立等方面。

一、办学规模与质量有所失调

　　我国民办高校占高等学校规模的近1/3，民办高校在校生占普通高校在校生的比例将近1/5，民办高等教育已然成为我国高等教育的重要组成部分，但民办高等教育的整体办学质量和水平相对不高，民办高等教育的规模与质量不成正比，高水平民办高校的数量少之又少，且高度依赖外部资源，很多民办高校起步发展时只能采取"拼凑资源"的发展战略，外部发展空间受到一定程度的限制。

从西方高等教育大众化和普及化进程看，多数国家往往先"筑基"后"提质"，即先从整体上精心构建高等教育结构，搭建较为完备的高等教育制度体系，而后再着力提高各级各类高校的办学质量。而我国高等教育的发展路径存在鲜明的"先数量后质量""先发展后治理"特征，民办高等教育领域亦然。按照马丁·特罗的高等教育规模扩张阶段理论，2020 年我国高等教育毛入学率达到 51.6%，已进入普及化阶段。但我国高等教育的区域布局、类型层次和学科专业结构等，还存在实施不到位、落实不彻底等问题，我国高等教育的普及化还不能称作"高水平"的普及化，民办高等教育显然成为我国高等教育的"质量洼地"，提高民办高等教育质量、补足高等教育质量"短板"势在必行。值得肯定的是，近年来我国民办高校在科研实力提升方面取得了突破性进展。2020 年，民办高校在获得国家社会科学基金项目、国家自然科学基金项目和教育部人文社科项目方面取得进步，分别获得 21 项、20 项和 34 项。一些高水平民办高校建立了重点实验室等省部级平台，增设科研管理部门，不断加大科研经费投入，如浙江树人大学、上海杉达学院、西安外事学院、吉林华侨外国语大学等都在 21 世纪初建立了科研处，并不断完善相关科研管理制度。截至 2021 年，西京学院已成立省部级科研平台 8 个，科研经费水平年均过亿元。❶

---

❶ 钟秉林. 民办本科院校要拓展办学视野　聚力高质量发展：本轮学位授权审核工作的启示 [J]. 中国高教研究，2022（05）：1-7.

二、治理科学化水平尚有提升空间

近年来，民办高校在优化治理结构、完善决策机制、促进信息公开、促成多元主体参与等方面积极探索，民办高校内部治理结构更加完善，内部治理水平不断提高，但与国家民办高校法规政策的要求相比，民办高校的治理科学化水平还有一定的提升空间。

第一，民办高校尤其是营利性民办高校的举办者控制现象较为突出，影响民办高校公益性的发挥。有研究针对"您所在的学校治理结构中利益相关者主体的权力情况排序"进行调查，发现在举办者、董事会、校长、党组织、教师、学生的权利状况排序中，67%的受访者认为举办者位于权力排序的第一位。实地调研也发现，民办高校举办者的个人利益和学校公共利益存在一定冲突，从而出现民办高校举办者过度控制董事会的情况；部分举办者可能披着公共利益的外衣，变相实现个人利益。有的举办者为了维持个人或家族利益，未将办学经费优先用于提升人才培养质量、改善办学条件等教育教学活动，而是维持最低的经费投入水平，有的举办者甚至出现转移办学经费的违规行为，有的举办者仅将不到学生学费的1/6用于生均经费投入。❶ 在此背景下，资本可能会裹挟高等教育，影响民办高校公益性的有效发挥，甚至侵害教师和学生的合法权益。

第二，内部治理机制尚有较大的完善空间。新时代，党的领导成为体现民办高校内部治理水平和能力的最根本问题。近年来，中央和国家出台多项政策，要求加强和改进民办高校党的建设的重点

---

❶ 石猛. 民办高校董事会制度的治理价值及其实现［J］. 复旦教育论坛，2019，17（02）：15－20.

工作，进一步提高政治站位、夯实组织覆盖、增强政治功能、提高工作水平、增加资源投入、完善体制机制，推进民办高校党建工作与事业发展深度融合，以高质量党建引领高质量发展。❶ 而在实践中，不少民办高校尤其是营利性民办高校的党组织作用发挥不够，党组织在内部治理中的参与和监督力量明显不足。此外，虽然多数民办高校实行"董事会领导下的校长负责制"，但在实际执行中，董事会与校长的权力责任关系不清，内部决策程序不规范，出现董事会"越位"、校长权力"真空"等现象，教师和学生被视为被管理对象，很难在内部治理中发挥实质作用，决策的科学性和民主性有待提高，民办高校的内部治理面临不少潜在风险。

第三，民办高校的外部监督机制尚不健全。2021 年 7 月，国务院教育督导委员会印发《教育督导问责办法》对民办学校和机构的督导提出明确要求，强调"民办学校和教育培训机构举办者及其实际控制人、决策机构或者监督机构组成人员如违反《中华人民共和国民办教育促进法》《中华人民共和国民办教育促进法实施条例》等法律法规，由各级人民政府教育督导委员会办公室提请县级以上人民政府教育行政部门、人力资源和社会保障行政部门、市场监管部门或者其他有关部门依据职责分工责令限期改正，退还所收费用后没收违法所得、罚款，依法对有关人员予以从业禁止处罚，并纳入其诚信记录"❷。我国 31 个省（自治区、直辖市）和新疆生产建设兵团均结合实际出台了《教育督导问责办法实施细则》。近年来，

---

❶ 教育部召开民办高校党建工作推进会［EB/OL］.（2023 - 12 - 21）［2024 - 07 - 08］. 教育部网站，http：//www. moe. gov. cn/jyb_xwfb/gzdt_gzdt/moe_1485/202312/t20231221_1095727. html.

❷ 国务院教育督导委员会关于印发《教育督导问责办法》的通知［EB/OL］.（2021 - 07 - 31）［2024 - 07 - 09］. http：//www. gov. cn/xinwen/2021 - 07/31/content. 5628630. html.

很多地区都按照中央要求对地区内民办高校进行督导，主要通过听汇报、看现场、查资料、随机听课、问卷调查等方式，对民办高校党的建设、办学条件保障、教育教学管理、师资队伍建设、校园安全等进行全面督查，对上年度督导提出的问题整改落实情况进行跟踪督查。但总体而言，民办教育的督导体系尚不系统，民办教育督导的专业性有待提高，对民办学校的有效督导措施也相对较少。

三、师生权益保障力度有待提升

师生合法权益的保障程度最能体现一所学校的办学水平。当前，我国民办高校师生权益法律基础基本筑牢，但实践层面的保障落实普遍不力，民办高校教师无法享受到与同级同类公办高校教师同等的社会地位、福利待遇、专业发展等，民办高校学生在升学就业、奖励资助、社会福利等方面亦无法获得与同级同类公办高校学生同等的权益。一项关于教师和学生参与营利性民办高校治理的调查显示，85.4%的参与者表示教师代表参与治理主要集中在党建工作和思政工作议题方面。73.9%的教职工参与民主监督的程度较低，对学校教职工代表大会了解不深，学校对教师和学生参与活动的支持力度也普遍较低。对于学生代表参与学校治理的情况，71.4%的参与者认为在营利性民办高校中学生几乎没有机会参与。❶

从民办高校教师队伍建设的现状看，教师队伍建设相对薄弱，教师队伍结构有待优化。民办高校教师的年轻化色彩比较突出，高

---

❶ 王邦永. 营利性民办高校法人治理研究［D］. 上海：华东师范大学，2022：118.

水平学科带头人不足，主要依赖兼职和退休教师，教师的教学、科研能力普遍不高；同时，受民办高校教师工资待遇、福利保障等因素的综合影响，民办高校教师队伍的稳定性不强，教师的流动性较大，教师的平均工作年限较短，给教育教学工作秩序带来巨大挑战。

从民办高校学生群体看，学生的合法权益尚未得到足够重视。民办高校的办学资金来源主要是学生学费，很多民办高校通过"以学养学"的方式筹措经费，这种相对单一的学费结构给民办高校带来较大的财务压力，不少民办高校通过提高学费维持生存发展，给学生和家长带来沉重的经济负担。更为严峻的是，在经费压力、治理压力等多重压力下，不少民办高校的硬件设施更新不及时，教育教学设备落后，有的民办高校多媒体设备、实验室条件差，图书馆资料和图书老旧，宿舍条件不佳，给学生日常生活学习带来不少困扰，不利于学生就读满意度和获得感的提升。

四、学科专业设置同质化特征明显

习近平总书记强调："要根据科技发展新趋势，优化高等学校学科设置、人才培养模式，为发展新质生产力、推动高质量发展培养急需人才。"[1] 党的二十届三中全会通过的《中共中央关于进一步全面深化改革、推进中国式现代化的决定》指出，"建立科技发展、国家战略需求牵引的学科设置调整机制和人才培养模式，超常布局急需学科专业"。国内多所高校主动适应新技术、新业态、新产业对专业的要

---

[1] 杨伟国. 夯实新质生产力发展的人才要素基础［EB/OL］.（2024 – 08 – 19）［2024 – 10 – 08］. http：//www.xinhuanet.com/politics/20240819/ff3dd213a8a84c94afdb09516f70fd86/c.html.

求，淘汰撤销了一些工学、管理学等非核心专业，将办学资源最大限度地集中在核心专业上，不断提高学科专业结构的科学化。截至2024年7月31日，已有19所高校撤销或暂停招生的专业共计99个。❶

实践中，民办高校专业学科建设存在明显的"同质化"倾向，有的民办高校为了追求学科专业的"大而全"，不顾自身办学实际和发展定位，学科专业设置一味向公办高校看齐，开设的专业多为无须大量教学仪器设备、投入低、见效快的"短平快"专业，品牌专业相对不多，很多专业与市场需求不够匹配，专业设置同质化问题较为突出，办学特色没有得到有效体现。这种短视行为不仅带来了专业低水平重复、资源浪费等问题，而且无法培养出与产业结构升级需要相匹配的人才。此外，民办高校的科研服务水平尚有不少提升空间，较难在服务地方产业转型发展方面提供有力的人才和科技支撑。❷ 必须用好我国民办高等教育在贴近市场、治理高效、机制灵活等方面的天然优势，努力对标当地经济社会发展和产业结构升级需要，动态调整优化学科专业，努力缩短供需的时间差，增强学科专业和产业结构的匹配度。

五、民办高校和公办高校协同发展机制亟待建立

2017年，新修订的《中华人民共和国民办教育促进法》重申民办学校与公办学校具有同等的法律地位，非营利性民办学校享受与公办学校同等的税收优惠等政策。调查发现，民办高校依然无法获

---

❶ 19所大学撤销99个专业：高校为何这么干［EB/OL］.（2024－08－20）［2024－11－11］.中国科学报，http：//edu.china.com.cn/2024－08/20/content_117376897.shtml.

❷ 阙明坤.民办高校高质量发展的挑战与路径［J］.中国高等教育，2021（06）：57－58.

得与同级同类公办高校的同等政策优待、财政支持、土地优惠等福利，民办高校与公办高校之间的实质性合作不多，二者尚未建立起良性的合作共赢机制。

一方面，民办高等教育系统内部的协同机制尚在起步阶段。当前，京津冀、长江经济带、粤港澳大湾区、长三角高等教育协同发展项目的主要参与者是公办高校，民办高校的作用还未得到足够发挥。而放眼全国，民办高等教育系统内部的协同发展机制还不健全，仅处于起步阶段。例如，2011年，西南大学育才学院、上海建桥学院、黑龙江东方学院、西京学院等10所知名民办高校发起成立了建设高水平民办大学战略合作联盟。2013年12月12日，在教育部指导下，吉林外国语大学等26所民办高校发起成立了非营利性民办高校联盟，搭建起共同探索中国特色非营利民办高校办学模式的新平台。2020年，由北京师范大学高等教育研究院、中国民办教育研究院和信阳学院共同打造的"民办高等教育论坛"成功举办，该论坛会聚全国民办高等教育领域的专家学者、教育部门领导和民办高校管理者，对协同推进我国民办高等教育现代化有一定意义。

另一方面，公办与民办高校间的深度交流合作有待加强。调研发现，虽然民办高校非常注重争取政府、企事业单位、公办高校等主体的支持，积极加强对外交流与合作，在聘请公办高校管理者参与学校治理、吸纳公办高校退休教师充实教师队伍建设、拓展校外合作项目等方面积极探索，但部分民办高校举办者或管理者的思维尚停留在民办高校同行比较状态，即较为习惯在民办高校或民办教育社团内部开展活动、进行交流，与同级同类公办高校的交流合作不够。从民办高校具体的人才培养和战略性合作可以看出，民办高校和公办高校之间的实质性合作不多。在民办高校（独立学院除外）

的建设、发展和改革过程中，公办高校的实质性支持或服务较少，民办高校对公办高校改革发展的助推作用也微乎其微。可以说，民办高校和公办高校之间的深度互动较为缺乏，亟须打破公办高等教育和民办高等教育之间的瓶颈，发挥好两种类型高校的优势，实现优势互补、共同发展。

第三节　新时代民办高等教育改革发展的展望

在建设高质量教育体系的新形势新背景下，我国民办高等教育改革发展的内外部环境发生了深刻的变化，迫切需要转变发展思路，明确高质量发展的办学理念，不断提高办学规范化水平，树立差异化发展战略，不断增强民办高校对社会发展的贡献度，让民办高等教育在教育强国建设中肩负起更大使命、发挥出更大作用。

一、明确高质量发展理念

党的二十大报告提出要加快构建高质量教育体系，教育部在2024 年度工作要点中明确提出要深化民办教育综合改革，实施高水平民办高校建设专项行动。2024 年 7 月 18 日，党的二十届三中全会审议通过的《中共中央关于进一步全面深化改革、推进中国式现代化的决定》，再次强调要"健全推动经济高质量发展体制机制"。当前和今后相当长的时间内，推进高质量发展将贯穿到教育的各个层次和类型，体现在教育领域的方方面面，民办高等教育的高质量发展同样义不容辞。

相关研究表明，10 多年后，普通高校的计划招生数可能会反超报名人数，届时生源供需关系将发生重大逆转，普通高校将面临严峻的生源危机和生存危机。❶ 这对高度依赖生源的民办高校而言，无疑是严峻挑战。民办高校本来就处于高等学校金字塔的底端，生源质量普遍不高，加之民办高校对学生学费的高度依赖，生源的多少和优寡对民办高校的生存发展至关重要。站在新的历史起点上，国家要加强对民办高等教育的统筹规划，引导民办高校将工作重点转移到高质量发展上来，民办高校自身要根据新形势新变化新要求，自觉主动转变学校发展理念，把高质量发展放在更加突出的位置，不折不扣地落实好立德树人根本任务，加快构建有利于促进学生全面发展的体制机制，努力培养更多有责任、有担当、有作为的时代新人。

二、提高办学规范化水平

近年来，国家不断加强立法建设与总体规划，对民办学校的办学行为规范化问题进行总体部署，进一步引导和规范了民办高校的办学行为，2020 年 2 月，中共中央办公厅、国务院办公厅印发《关于深化新时代教育督导体制机制改革的意见》（以下简称《意见》），要求各地加强对民办学校的全方位督导，进一步深化教育督导管理体制改革。❷ 2022 年 11 月，国务院教育督导委员会办公室印发《关于加强和改进民办学校督导工作的若干意见（试行）》，明确了民办

---

❶ 贺祖斌，郭彩清. 少子化趋势下 2024—2050 年高等教育生源供需预测与危机预警：基于中国第七次人口普查数据的分析 [J]. 中国高教研究，2024（06）：60-68.
❷ 国务院教育督导委员会关于印发《教育督导问责办法》的通知 [EB/OL].（2021-07-31）[2024-07-09]. 教育部网站，https：//www.gov.cn/xinwen/2021-07/31/content_5628630.htm.

学校的督导重点，包括加强民办学校党的建设监督，加强民办学校资产和财务管理监督，加强招生和教学工作监督，加强规范工作监督，加强安全工作监督等。● 各地也积极响应中央和国家号召，加紧研制民办学校高质量发展的政策文件，将办学行为规范化落实落细。

　　从实践中看，我国民办高校办学的规范化水平相对不高，不少民办高校还存在明显的逐利性办学动机，有的办学行为违背了教育公益性的基本原则，民办高校仍需在招生、资产管理、内部治理等方面进一步提高办学行为的规范化。一要进一步规范招生行为，保障民办高校学生合法权益。针对当前有的民办高校存在虚假招生宣传、发布虚假信息等行为，民办高校应严格按照国家法律和政策开展招生，依法给学历教育学生发放载明学习形式、学习年限的录取通知书，自觉杜绝违规招生行为，共同维护民办高校的社会形象。二要加强民办高校资产财务管理。民办高校要进一步提高财务公开程度，及时公示收费内容、收费标准、奖助标准等关乎社会、家长和学生切身利益的事项，减少信息不对称带来的舆情风险。三要不断优化民办高校内部治理结构。民办高校要增强依法治校的意识，不断完善法人治理结构，确保举办者、校长等主体能依法用权，还要进一步健全党组织参与民办高校决策和监督的制度，形成对举办者权力的外部制约，明确民办学校决策机构组成人员应当有党组织负责人，监督机构组成人员应当有党的基层组织代表，学校章程应规定学校党组织负责人进入学校决策机构和监督机构的程序。

　　● 国务院教育督导委员会办公室《关于加强和改进民办学校督导工作的若干意见（试行）》的通知［EB/OL］.（2023－02－07）［2024－08－01］.湖南省教育督导网，http：//rank.chinaz.com3443000001.jydd.hnedu.cn/c/2023－02－07/5031256.shtml.

三、实行差异化发展战略

我国民办高校的建设主要参照公办高校，学科专业设置与公办高校高度雷同，有的专业雷同率达到 80%，办学特色不明显，教育教学质量停留在低水平层次，迫切需要民办高校根据自身条件和区域需求，实施错位发展战略，避开同质化竞争。

民办高校应更加注重特色发展，通过打造学校品牌、强化专业特色、优化课程体系、注重实践教学等方式，形成差异化的竞争优势。一是明确民办高校应用型的办学定位。受先天发展基础和发展阶段影响，我国民办高校主要以应用型人才培养为主，侧重培养学生的实践能力和创新创业能力，主动满足社会对技能型人才的需求，未来民办高校应根据自身特点和市场需求，选择适合自己的办学特色和方向，探索差异化发展道路，开辟特色化发展新赛道。二是加强专业特色建设，优化课程体系。当前，我国应用型、职业型院校的课程质量显著低于学术型院校，应用型院校的课程上没有实现特色发展，未能发挥自身的比较优势。❶ 面向未来，民办高校不能简单效仿学术型院校，而是要用好自身贴近市场、机制灵活等鲜明优势，主动瞄准市场需求，把握好知识的应用性，设置个性化、特色化的专业，增加更多实践类和操作性的知识和技能课程，集中优势资源，发展具有竞争力的学科和专业，着力提高学科专业的社会适配性，增强学生的学业就业满意度。三是进一步提高教师待遇，增强教师队伍稳定性。与同级同类公办高校教师相比，民办高校教师的工资

---

❶ 文雯，周璐，陈毅卓. 高深知识视角下的大学课程：内涵及评价 [J]. 江苏高教，2024（08）：82 - 90.

福利、权益保障和专业发展等均处于劣势地位，亟须将提高民办高校教师待遇放在更加突出的位置，加大对教师专业发展的经费支持力度，不断优化教师队伍的年龄结构、学历结构和职称结构，努力营造有利于教师专业成长发展的新局面，不断增强教师队伍的稳定性，为教育教学活动的正常开展提供坚实保障。

四、增强社会发展贡献度

民办高校不仅是面向政府办学，更应面向社会办学，需要基于国民经济、社会发展、区域经济发展等各方面的需要。民办高校应当不断增强办学的使命感和责任感，明确应用型的办学定位，主动对接行业和产业需求，调整优化办学定位、教学模式、课程内容等，推进民办高校产教融合进程，不断提升社会服务能力。

民办高校要坚持服务社会的办学理念，增强自身在服务地区发展中的支撑作用。面对国家重大战略需求，民办高校要立足自身的发展阶段，紧密结合地区经济和区域产业的最新布局，找到自身在产教融合方面的优势和不足，确立个性化的中长期发展战略，切实在区域发展中发挥好战略支撑作用。例如，上海杉达学院坚持服务社会发展的理念，紧抓国家实施长三角一体化发展战略的重大机遇，立足上海和长三角世界级城市群特殊区位优势，贯彻新发展理念，促进产教深度融合，精准确定应用型的人才目标定位，着重提高学生的实践创新能力，加强学生的社会适应能力锻炼，已为社会和企业培养了 6 万余名"靠得住、用得上、行得远"的人才。❶ 再如，

---

❶　上海杉达学院 30 周年校庆论坛：应用型民办大学如何在产教融合中走向高质量发展？［EB/OL］.（2022 - 09 - 28）［2024 - 10 - 12］. 澎湃新闻，https：//m. thepaper. cn/wifiKey_detail. jsp?contid = 20181023&from = wifiKey#.

云南经济管理学院通过加强创新创业文化建设，培养出更多具有创新创业能力和实践经验的高素质人才，为社会经济发展做出突出贡献。此外，民办高校还要深化产教融合力度，主动调整优化学科专业结构。针对当前人才培养与产业需求不匹配、产教深度融合机制不够完善等现实困境，民办高校、政府、企业等主体需要协同攻关，探寻可行路径。政府首先要采取有效措施，探求民办高校与企业在人才培养与使用中的结合点，还要从产业需求端发力，推动企业与民办高校进行深度合作。民办高校要跳出内部竞争的思维惯性，加深与企业的战略合作，推动产学研结合，通过校企合作、工学结合等方式，使教育内容和课程设置更贴近市场需求，提高学生的就业竞争力。

五、推进高水平对外开放

近年来，民办高校在国际合作方面取得了显著成绩，民办高校不仅依托区域合作进行国际化探索，而且积极开拓国际人才培养实践。例如，2023年，上海市14所民办高校筹建了国际交流与合作联盟，旨在通过"共有机制、共建平台、共享内容、共促发展"的方式，探索国际交流与合作赋能民办高校内涵建设的交流平台和资源共享库，促进民办教育的行业自律和协同发展，发挥民办高校在助力世界一流城市建设和国家教育对外开放格局中的重要作用。❶ 为了提升学校国内影响力和国际竞争力，民办高校应更加积极主动地实施国际化发展战略，推进对外开放水平再上台阶。

---

❶ 上海民办高校筹建国际交流与合作联盟 [EB/OL]. (2023 – 06 – 15) [2024 – 10 – 12]. 中新网上海, https://www.sh.chinanews.com.cn/kjjy/2023 – 06 – 15/112932. shtml.

一是坚定文化自信，主动探索国际合作新机制。民办高校可能会加大国际合作与交流的广度与深度，与海外高校、企业、科研机构等建立合作关系，不断扩大合作内容，建立更为稳定的国际合作机制。二是大力引进国际先进的教育资源和教学理念，创新人才培养模式，通过人才交流和人员互访，打通民办高校与国外合作机构的交流壁垒，不断扩大民办高校的国外朋友圈，吸引世界范围内的优秀人才。三是着力培养具有国际视野的人才，提高人才自主培养能力和质量。民办高校要想在激烈的高等教育竞争中立于不败之地，必须走错位发展之路，用好自身体制灵活的独特优势，找准符合自身发展阶段和实际需求的定位，明确学校国际合作的侧重点，通过"引进来"和"走出去"的双向互动，合力培养新型国际化人才，培养更多具有本土情怀与国际视野的多层次人才。

第二章　民办高校学生权益保障研究概况

保障民办高校学生依法获得升学、就业、社会优待，参加先进评选，获得助学贷款、奖助学金等方面的权利，是法律法规的基本要求，更是落实好立德树人使命的必然要求。这就需要关注民办高校学生权益的保障情况，考察民办高校学生作为权利人，能否享受基本的权利，获得相应的利益。首先，本章从政策价值、理论价值和实践价值层面，分析新时代民办高校学生权益保障问题的缘起，阐释新时代民办高校学生权益保障同等性研究的必要性。其次，梳理改革开放以来民办高校学生权益保障政策的变迁，提炼不同政策阶段学生权益保障的显著特征，总结民办高校学生权益保障的变迁逻辑。最后，立足新时代民办高校学生权益保障的现状，研判民办高校学生权益保障面临的新形势。

第一节　民办高校学生权益保障问题缘起

保障民办高校学生同等权益不仅是法律法规的必然要求，更是社会对高等教育公平的美好期待，具有较强的形势紧迫性和现实必要性。《中华人民共和国民办教育促进法》《中华人民共和国民办教育促进法实施条例》等法规政策奠定了民办高校学生权益保障的法律根基，明确规定了民办高校学生应当享有与同级同类公办高校学生同等的奖助、学业、就业、社会保障等权益。而从实践层面看，民办高校学生权益保障的系统研究尚显不足，民办高校学生权益保障的现状不容乐观，亟须学界业界给予高度关注，切实保障学生合法权益。

一、法规政策要求：贯彻执行的必然要求

2021 年，国务院出台了新修订的《中华人民共和国民办教育促进法实施条例》，加上 2016 年修订的《中华人民共和国民办教育促进法》和同年发布的《国务院关于鼓励社会力量兴办教育促进民办教育健康发展的若干意见》，标志着我国民办教育进入分类管理、规范发展的新时代。2022 年 12 月，党的二十大报告指出要"引导规范民办教育发展"，这与党的十八大报告中的"鼓励引导社会力量兴办教育"、党的十九大报告中的"支持和规范社会力量兴办教育"相比，有了实质性变化，我国民办教育进入规范发展的新阶段。❶ 如何规范民办高校办学行为，切实保障师生合法权益成为新时代民办教育的主旋律。

随着法规政策的不断完善，民办高校学生权益得到立法确认。2016 年新修订的《中华人民共和国民办教育促进法》及《民办教育工作部际联席会议 2019 年工作要点》等法律法规重申民办学校学生

---

❶ 魏建国. 引导规范民办教育服务强国建设 [EB/OL]. (2024 – 07 – 04) [2024 – 10 – 02]. 中国教育新闻网，https://m.jyb.cn/rmtzgiyb/202407/t20240704_2111217829_wap.html.

在升学、就业、社会优待、参加先进评选等方面享有与同级同类公办学校受教育者同等的权利；新修订的《普通高等学校学生管理规定》更是开创性地把"保障学生合法权益"作为立法目的之一；财政部等四部门《关于进一步落实高等教育学生资助政策的通知》重申民办高校学生与公办高校学生按规定同等享受国家资助政策。在国家教育行政法律体系框架内，学生永远是法律保障的重要相对一方。在中央政策基本完备的背景下，各地政策落实落地的最新情况如何？政策执行中是否出现了预期和非预期的偏差？民办高校学生同等权益保障的现状如何？这些问题依然悬而未决。因此，关注新时代民办高校学生权益保障同等性的现状，剖析影响学生权益保障的政策性、机制性等多种因数，不仅能为保障民办高校学生权益提供决策依据，最大限度地减少政策执行偏差，也能尽早发现学生权益受损情况，及时捍卫学生的合法权益。

二、研究尚有空间：现有研究的系统化不足

当前，国内外关于民办高校学生权益保障方面的系统研究相对不足，国内相关研究主要聚焦学生资助、学业发展、就业创业和参与管理等内容；国外研究较早关注高校学生权益的不同等问题，尤以大学生入学机会研究和学生权益公平性研究居多，部分研究关注了学生权益保障的必要性、学生与私立高校的地位、学生权益申诉途径等问题。

已有研究为本研究奠定了良好的基础，但仍存在较大的探索空间：第一，要一视同仁看待民办高校学生及其权益，提高研究系统性。当前关于学生权益保障的研究相对笼统，针对不同类型、不同

层次学校学生权益的专门研究相对不多，关于民办高校学生权益的专题研究少之又少，且尚未将民办高校学生权益问题置于整个高校学生群体中统筹考虑，亟待充分认清民办高校学生权益保障的紧迫性与必要性，跳出民办高校看民办高校及学生权益保障问题，开展系统化的研究。第二，要采用与研究问题相适切的研究方法，增强研究结论科学性。现有研究的研究方法呈现重理论思辨轻实证方法的倾向，缺少大规模的实证调查，较难从全局把握当前民办高校学生权益保障的现状，实证研究方法在促进研究设计科学性、研究结论可信性方面的作用有待加大，亟须用实证主义的研究思路，客观分析民办高校学生权益保障的现状，剖析影响民办高校学生权益保障的深层原因。第三，要高度关注民办高校学生身心发展的内在诉求，提升理论研究对现实的关照度。针对学界业界对民办高校学生权益保障的共识度有待加强、理论研究滞后于学生发展诉求等问题，需要增强教育科研的人文关怀，使学术研究真正扎根于民办高等教育的现实土壤，深入探究民办高校学生的权益实现情况，确保每一个大学生都能健康、自信、精彩地完成学业，让每一个大学生都能学有所获、学有所成。

三、社会高度关注：促进教育公平的时代要求

2023 年，习近平在中共中央政治局第五次集体学习时强调"把促进教育公平融入到深化教育领域综合改革的各方面各环节，缩小教育的城乡、区域、校际、群体差距，努力让每个孩子都能享有公

平而有质量的教育，更好满足群众对'上好学'的需要"❶。2024 年 9 月 9—10 日，习近平总书记在全国教育大会上强调"要坚持以人民为中心，不断提升教育公共服务的普惠性、可及性、便捷性，让教育改革发展成果更多更公平惠及全体人民"❷。从"有学上"到"上好学"，从人人有平等的教育权利、均等的教育机会，到人人受到良好的教育，教育公平始终是我国教育的基本策略，办好人民满意的教育始终是新时代的教育宗旨。❸

尊重每个孩子的先天禀赋和后天潜能差异，为每个不同禀赋和潜能的学生创造良好的发展条件，努力拓宽每个孩子的成长成才通道，让每个孩子都有人生出彩的机会，是社会公平和开放程度的重要体现，是每个家庭对教育的美好期待，更是教育事业的重大使命。有实证研究发现，高等教育扩张没有增加本科以下学历、农村户籍等"弱势"群体接受优质高等教育的机会，而是减少了"弱势"群体向上流动的机会，不利于他们的就业和职业生涯发展。优质高等教育机会依然被优势社会阶层占据。❹ 这就需要警惕高等教育规模扩张带来的教育公平机会失衡、社会满意度不高等风险，既要发挥好"双一流"建设高校等高水平高校的带头与引领作用，又不能忽视高等学校金字塔中的"短板"学校，要给予民办高校及学生更多的支

---

❶ 习近平在中共中央政治局第五次集体学习时强调 加快建设教育强国 为中华民族伟大复兴提供有力支撑 ［EB/OL］. （2023－05－30）［2024－08－08］. 新华社，https：//www. mohrss. gov. cn/SYrlzyhshbzb/dongtaixinwen/shizhengyaowen/202305/t20230530_500730. html.

❷ 习近平在全国教育大会上强调 紧紧围绕立德树人根本任务 朝着建成教育强国战略目标扎实迈进 ［EB/OL］. （2024－09－10）［2024－09－11］. 央视网，https：//news. cctv. com/2024/09/10/ARTIoav7cGGu4kQUdreTEtBa240910. shtml.

❸ 张应强，冯建军，文雯，等. 教育强国建设的战略性内涵、方法体系与实践路径（笔谈）［J］. 现代教育管理，2024（10）：1－18.

❹ 徐菁，邵宜航，张子尧. 高等教育扩张能促进向上社会流动吗?：来自中国高校扩招的证据［J］. 教育与经济，2024，40（03）：28－37.

持，引导民办高校加快融入教育强国建设大军，紧紧围绕立德树人的根本任务，着力培养德智体美劳全面发展的社会主义建设者和接班人，为教育强国建设贡献力量。

四、现实形势严峻：权益保障现状不容乐观

初步的访谈发现，民办高校学生在助学贷款、奖助学金、学习培训、毕业结业等方面的权益尚未得到有效保障，不少民办高校学生无法充分获得与同级同类公办高校学生同等的支持，很大程度上影响了民办高校学生正常的学习生活秩序。实际上，随着高等教育体制改革的不断推进，教育消费化日渐成为一种趋势。民办高校学生作为高等教育的消费者，承担着高于同级同类公办高校的学费，却无法公平公正地享受高等教育服务，这难免引起学生的不满情绪，给民办高校的稳定发展埋下隐患。同时，有的研究者尚未认识到民办高校学生权益保障面临的严峻形势，对学生权益受损情况的关注度不够；有的地方教育行政主管部门戴着有色眼镜看民办高等教育，对民办高校和学生的重要性认识不足，无法同等看待民办高校学生权益保障问题；有的民办高校尚处于外延式发展阶段，对整个高等教育面临的新形势和新任务把握不足，对学生权益保障问题关照不够，民办高校学生无法获得稳健的政策支持、同等的待遇保障、公平的观念承认。

学界和业界应及时关照民办高校办学实践中出现的新问题，找准影响民办高校学生权益保障的内外部因素，转变教育行政部门、民办高校等主体的固有观念，促使它们坚持以生为本的育人理念，切实将学生权益保障问题提升到战略高度，助力构建更加公平而有

质量的高等教育格局，为基本公共服务的均等化贡献应有力量。

第二节　民办高校学生权益保障政策变迁

改革开放以来，民办高校学生权益保障政策经历了从无到有、从边缘到中心、从笼统到具体的变迁过程，学生的法定权益不断确立，学生的同等法律地位不断彰显，以生为本的政策理念充分体现。本节将以改革开放以来中央出台的相关法律政策为研究对象，以民办高等教育改革发展的关键节点为划分依据，分阶段梳理民办高校学生权益保障的政策演进理路，总结各阶段政策的主要特征，为探究新时代民办高校学生权益保障问题提供政策基础。

一、恢复起步期（1978—1992 年）：权益保障进入法规范畴

在民办教育恢复发展初期，民办学校主要是从事文化补习、自考助学和职业培训的机构，受教育对象以在职职工、返乡人员等社会人员为主，尚未形成规模，社会的认可度不高。在公办教育机构无法满足他们提高文化水平、掌握工作技能等多元需求的情况下，便捷的民办教育机构不失为一种适当选择。当时出台的相关法律法规，很少涉及也未明确民办学校学生的基本权益。这一时期的社会力量办学尚处于不断探索的起步阶段，学校的最大关切在于求生存，多数民办学校只简单参照公办学校的学生管理制度，制定一个粗略的学生管理办法，无暇顾及学生的法律地位、受教育权等基本权益。

　　1984 年，针对民办学校学生的管理问题，教育部报请国务院颁发《关于社会力量举办高等学校和中等专业学校试行条例》（以下简称《试行条例》），《试行条例》规定民办学校的学籍管理参照教育部制定的同层次同类型学校学籍管理制度执行，全日制高等学校按照同类学校、同层次、同专业的修业年限及教学计划组织教学。这些措施有力维护了民办学校的举办者、教师和学生的合法权益，为社会力量办学提供了法律保障，也为我国教育事业注入了新的活力。

　　1987 年，国家教育委员会出台的《关于社会力量办学的若干暂行规定》，成为我国民办教育的第一个专门规章，首次对"社会力量"的含义、定位、办学原则等作出规定，极大鼓励和支持了社会力量办学，其中，部分条款开始涉及民办学校学生权益相关事宜。其第十四条规定，学生学习结束后，可由学校发给"结业证明"，注明所学课程内容和各科考试成绩，学校校长须在"结业证明"上签字，以对学生的学习成绩负责；学生要取得国家承认的大学、中专毕业证书，可按自学考试的有关规定办理。第十五条规定："社会力量办学的经费自行筹集。学校可向学员收取合理金额的学杂费，但不得以办学为名非法牟利。收费标准和办法由省、自治区、直辖市教育行政部门会同有关部门共同制定。"❶ 党的十三大报告（1987年）也明确提出"继续鼓励社会各方面力量集资办学"❷。伴随着社会力量办学热情的高涨，民办学校学生权益保障问题开始进入法律范畴。

---

❶　国家教委关于社会力量办学的若干暂行规定［EB/OL］.（1987 – 07 – 08）［2024 – 09 – 11］. 法邦网，https：//code. fabao365. com/law_262308. html.

❷　赵紫阳. 中共十三大报告（1987 年 10 月 25 日）［EB/OL］.（1987 – 07 – 08）［2024 – 09 – 11］. http://zsng. zhoushan. gov. cn/art/2009/2/17/art_1228974857_410545 94. html.

二、快速发展期（1993—2002 年）："同等"法律地位开始受重视

1992 年，党的十四大确立了社会主义市场经济体制改革目标❶，要求把经济建设转到依靠科技进步和提高劳动者素质的轨道上来，优先发展教育事业，鼓励社会力量办学。随着我国由计划经济体制向社会主义市场经济体制的深刻转变，私营经济的合法性地位得以确认，我国民办高等教育进入快速发展阶段。

1993 年，国家教委颁布了我国第一部专门的民办高等教育行政规章《民办高等学校设置暂行规定》，明确了民办高等学校是我国高等教育事业的组成部分，不得以营利为办学宗旨；民办高等学校及其教师和学生享有与国家举办的高等学校及其教师和学生平等的法律地位；民办高等学校招收接受学历教育的学生，纳入高等教育招生计划；学生毕业后自主择业，国家承认学历。❷ 1994 年召开的第二次全国教育工作会议，要求适应社会主义市场经济体制改革需要，全面推进教育管理体制、办学体制和投资体制改革。

1997 年，《社会力量办学条例》是第一个对民办教育进行规范的行政法规，标志着中国民办教育进入了依法办学、依法管理、依法行政的新阶段。《社会力量办学条例》（1997 年）第十条对学生法律地位作出明确规定，提出社会力量举办的教育机构学生依法享有

---

❶ 确立社会主义市场经济体制的改革目标［EB/OL］.（2019 - 10 - 25）［2024 - 09 - 11］. 新华社，https://www.gov.cn/xinwen/2019 - 10/25/content_5444716.htm.

❷ 民办高等学校设置暂行规定［EB/OL］.（1993 - 08 - 17）［2024 - 10 - 13］. 教育部网站，http://www.moe.gov.cn/srcsite/A02/s5911/moe _ 621/199308/t19930817 _ 81912.html.

与国家举办的教育机构学生平等的法律地位，在升学、参加考试和社会活动等方面，依法享有与国家举办的教育机构的学生平等的权利；用人单位实行面向社会、平等竞争、择优录用的原则，不得对学生进行就业歧视；对于完成学业、考试合格的学生，经批准实施学历教育的民办学校必须按照国家有关规定颁发学历证书，其他非学历教育机构应依法给完成学业的学生颁发相应的培训证书或其他学业证书；教育机构合并、解散时，应妥善安置原在校学生，尤其要确保义务教育阶段学生的正常就学。❶ 这首次明确了民办学校学生的平等法律地位，细化了民办学校学生应当享有的权益，使民办学校学生的升学、考试、就业等基本权益有了法律保障。

《中华人民共和国民办教育促进法》确定了民办教育与公办教育同等的法律地位，为形成公办教育与民办教育共同发展的格局奠定了法律基础。第四章专门规定民办学校受教育者享有与公办学校受教育者同等的法律地位，在升学、就业、社会优待以及参加先进评选等方面享有与同级同类公办学校受教育者的同等权利；民办学校要依法保障受教育者的合法权益，严格按照国家规定建立学籍管理制度，对受教育者实施奖励或者处分。❷ 与 1997 年《社会力量办学条例》最大的不同是，《中华人民共和国民办教育促进法》将学生的法律地位由"平等"改为"同等"，避免了《社会力量办学条例》中"与国家举办的教育机构"的模糊表述，明确"同等法律地位"是与同级同类公办学校学生的相比之下的"同等"，对学生同等法律

---

❶ 社会力量办学条例 [EB/OL]. (1997 – 07 – 31) [2024 – 07 – 31]. 广东省人民政府网, http://www.gd.gov.cn/zwgk/gongbao/1997/27/content/post_3358788.html.

❷ 中华人民共和国民办教育促进法 [EB/OL]. (2002 – 12 – 28) [2024 – 07 – 01]. 中华人民共和国中央人民政府, https://www.gov.cn/gongbao/content/2003/content_62224.htm.

地位的参照标准进行规定，界定了今后民办学校学生权益保障工作的基本范围，有利于提升民办学校学生权益保障工作的针对性。

值得一提的是，1999 年国家作出扩大公办高校招生规模的重要决策，1998 年，全国普通高校录取 108 万人，报考人数为 320 万人，录取率为 34%；到 1999 年，全国普通高校招生人数达 160 万人，比1998 年增加了 52 万人，增幅高达 48%。公办高校的扩招，吸引了原本只能进入民办高校的学生，从而加剧了民办高等教育内部的生源竞争。在内外部因素的综合影响下，《中华人民共和国民办教育促进法》颁布前，我国民办教育尤其是民办高等教育的总体发展形势较为平稳，为民办高等教育规模的扩大营造了有利空间，民办学校学生权益保障工作稳定推进。

三、规范发展期（2003—2016 年）：主体权责更加明晰

2003 年《中华人民共和国民办教育促进法》的实施，标志着我国民办高等教育进入规范发展期[1]。随着国家政策法规的不断出台，我国民办高等教育的政策供给水平不断提高，民办高校学生的合法权益得到基本保障。

2004 年，《中华人民共和国民办教育促进法实施条例》（以下简称《实施条例》）进一步细化《中华人民共和国民办教育促进法》有关学生权益的规定。《实施条例》第二十九条明确提出，民办学校及其教师、职员、受教育者申请国家设立的有关科研项目、课题等，享有与公办学校及其教师、职员、受教育者同等的权利。民办学校

---

[1] 周海涛等. 中国教育改革开放 40 年：民办教育卷［M］. 北京：北京师范大学出版社，2019.

的受教育者在升学、就业、社会优待、参加先进评选、医疗保险等方面，享有与同级同类公办学校受教育者同等的权利；第三十一条规定，教育行政部门、劳动和社会保障行政部门和其他有关部门组织有关的评奖评优、文艺体育活动和课题、项目招标，应当为民办学校及其教师、职员、受教育者提供同等的机会。《实施条例》明确了各级各类教育行政部门在保障学生合法权益方面的责任，有利于切实保障民办学校学生的同等权利。❶

2005 年，国家发展改革委、教育部、劳动和社会保障部发布的《民办教育收费管理暂行办法》第三条、第四条、第八条、第九条对民办学校收费行为进行了规范。办法指出，民办学校对受教育者可以收取学费（或培训费），对在校住宿的学生可以收取住宿费，但民办学校为学生在校学习期间提供方便而代收代管的费用，应遵循"学生自愿、据实收取、及时结算、定期公布"的原则，不得与学费、住宿费一并统一收取；对于承担义务教育任务的民办学校而言，学生所交的费用，不得高于当地同级同类公办学校的收费标准；当民办学校学生退学或转学时，学校应根据实际情况退还学生一定费用，具体办法由省级教育行政部门、劳动和社会保障行政部门制定。❷ 同年，教育部发布的关于《加强独立学院招生工作管理的通知》要求规范独立学院的招生宣传，强化录取工作管理。独立学院要如实进行招生宣传，对学校名称、办学层次、学费标准、毕业证书发放等事项不得含糊其辞、弄虚作假，不得做任何可能误导考生

---

❶　中华人民共和国民办教育促进法实施条例［EB/OL］.（2004 - 03 - 05）［2024 - 07 - 01］. 中华人民共和国中央人民政府网，https：//www. gov. cn/gongbao/content/2004/content_62723. htm.

❷　国家发展改革委、教育部、劳动和社会保障部关于印发《民办教育收费管理暂行办法》的通知［EB/OL］.（2005 - 03 - 02）［2024 - 07 - 01］. https：//www. doc88. com/p - 5048781190492. html.

的宣传和承诺；必须严格执行国家下达的年度招生计划，不得擅自超计划招生；不得向学生收取国家规定的收费项目和标准以外的任何费用；不得违规降低标准录取考生；不得以专科录取，按"专本连读"培养。❶

2006 年，针对当时一些民办高校因学籍、学历、收费等原因相继发生的学生群体性事件，《国务院办公厅关于加强民办高校规范管理引导民办高等教育健康发展的通知》要求依法规范民办高校办学行为和内部管理，建立健全党团组织；充实党务干部队伍和思想政治工作队伍，加强对学生的服务、管理和思想政治教育，依法维护学生合法权益，建立健全维护学校安全稳定的工作体系；依法落实民办高校有关扶持政策，使民办高校学生在升学、就业、档案管理、评奖评优等方面，与同级同类公办高校学生享受同等的权利。❷

2007 年，教育部公布的《民办高等学校办学管理若干规定》对民办高校招生行为进行了规范。要求民办高校招收学历教育学生的，必须严格执行国家下达的招生计划，按照国家招生规定和程序招收学生；对纳入国家计划、经省级招生部门统一录取的学生发放录取通知书，未列入国务院教育行政部门当年公布的具有学历教育招生资格学校名单的民办高校，不得招收学历教育学生；民办高校应当按照普通高等学校学生管理规定的要求完善学籍管理制度；民办高校应当按照国家有关规定建立学生管理队伍，按不低于 1∶200 的师生比配备辅导员，每个班级配备 1 名班主任；民办高校应当建立教

---

❶ 教育部关于《加强独立学院招生工作管理的通知》［EB/OL］.（2005 - 02 - 28）［2024 - 09 - 11］. 教育部网站，http：//www. moe. gov. cn/s78/A15/xss_left/moe_776/s3258/201006/t20100608_88986. html.

❷ 国务院办公厅关于加强民办高校规范管理引导民办高等教育发展的通知［EB/OL］.（2006 - 12 - 21）［2024 - 06 - 01］. 中华人民共和国中央人民政府网，https：//www. gov. cn/gongbao/content/2007/content_512700. htm.

师、学生校内申诉渠道，依法妥善处理教师、学生提出的申诉。这些规定有利于维护民办高校学生的合法权益，引导民办高校健康发展。❶

2008 年，教育部颁布的《独立学院设置与管理办法》要求独立学院应当按照国家核定的招生规模和国家有关规定招收学生，完善学籍管理制度，做好家庭经济困难学生的资助工作；独立学院应当按照国家有关规定建立学生管理队伍，按不低于 1∶200 的师生比配备辅导员，每个班级配备 1 名班主任；独立学院终止时，在妥善安置在校学生后，按照《中华人民共和国民办教育促进法》的有关规定进行财务清算和财产清偿。独立学院举办者未履行出资义务或者抽逃、挪用办学资金造成独立学院资不抵债无法继续办学的，除依法承担相应的法律责任外，须提供在校学生的后续教育经费。独立学院终止办学时仍未毕业的在校学生由参与举办的普通高等学校托管。对学习期满且成绩合格的学生，发给独立学院的毕业证书；符合学位授予条件的，授予独立学院的学士学位证书。独立学院对学习期满且成绩合格的学生，颁发毕业证书，并以独立学院名称具印。独立学院按照国家有关规定申请取得学士学位授予资格，对符合条件的学生颁发独立学院的学士学位证书。❷

2012 年，教育部印发《关于鼓励和引导民间资金进入教育领域促进民办教育健康发展的实施意见》，提出要"依法清理与法律法规相抵触的，不利于民办教育改革发展的规章、政策和做法，落实民

---

❶ 民办高等学校办学管理若干规定 [EB/OL]. (2007 - 02 - 03) [2024 - 09 - 11]. 教育部网站，http：//www. moe. gov. cn/jyb_xxgk/xxgk/zhengce/guizhang/202112/t20211206_585042. html.

❷ 独立学院设置与管理办法 [EB/OL]. (2008 - 02 - 22) [2024 - 09 - 11]. 教育部网站，http：//www. moe. gov. cn/srcsite/A03/s181/200802/t20080222_170538. html.

办学校与公办学校平等的法律地位""保障民办学校学生权益。民办学校学生与公办学校学生同等纳入国家助学体系，在政府资助、评奖评优、升学就业、社会优待等方面与同级同类公办学校学生享有同等权利"❶。

不难看出，这一时期的民办教育制度体系更加健全，政府加大了对民办学校办学的规范管理，对民办学校学生权益保障的关注度也大幅提升。不仅从总体上明确民办学校学生的法定权益，而且更为精细化地规范学生权益的具体方面，如学生入学前的招生宣传与管理，学习过程中的学校行为规范管理与学籍管理，以及学生学习期满后的公平对待权等。此外，相关政策文件还规定了民办学校退出时学生的安置及权益救济途径，防范民办学校中途退出侵害学生权益。

四、内涵发展期（2017 年至今）：学生主体地位不断凸显

2016 年，第十二届全国人民代表大会常务委员会通过了修订《中华人民共和国民办教育促进法》的决定，此后出台的系列民办教育政策文件都提出要推行分类管理政策。修订后的《中华人民共和国民办教育促进法》第三十四条重申了民办学校学生的同等法律地位，民办学校学生在升学、就业、社会优待以及参加先进评选等方

---

❶ 教育部关于鼓励和引导民间资金进入教育领域促进民办教育健康发展的实施意见[EB/OL]. (2012-06-18) [2024-09-11]. 教育部网站，http://www.moe.gov.cn/srcsite/A03/s7050/201206/t20120618_138412.html.

面享有与同级同类公办学校受教育者同等权利。❶

2016 年，国务院印发《关于鼓励社会力量兴办教育促进民办教育健康发展的若干意见》（以下简称《若干意见》），对民办教育改革进行总体全面部署，明确要求落实同等资助政策。民办学校学生与公办学校学生按规定同等享受助学贷款、奖助学金等国家资助政策，民办学校学生在评奖评优、升学就业、社会优待、医疗保险等方面与同级同类公办学校学生享有同等权利，享有对学校办学管理的知情权、参与权，享有参与管理和民主监督的权利。《若干意见》也对各级教育行政主管部门、民办学校等政策执行主体提出明确要求，要求政府建立健全民办学校助学贷款业务扶持制度，提高民办学校家庭经济困难学生获得资助的比例。民办学校应建立健全奖助学金评定、发放等管理机制，并从学费收入中提取不少于 5% 的资金，用于奖励和资助学生；完善学生代表大会制度；落实鼓励捐资助学的相关优惠政策措施，积极引导和鼓励企事业单位、社会组织和个人面向民办学校设立奖助学金，加大资助力度。❷

2017 年，教育部、人力资源和社会保障部、工商总局联合印发《营利性民办学校监督管理实施细则》，强调营利性民办学校应当加强财务管理，学校收入应全部纳入学校财务专户，出具税务部门规定的合法票据，由学校财务部门统一核算、统一管理，保障学校的

---

❶ 中华人民共和国民办教育促进法［EB/OL］. （2022 – 04 – 21）［2024 – 07 – 09］. 教育部网站，http：//www. moe. gov. cn/jyb＿sjzl/sjzl＿zcfg/zcfg＿jyfl/202204/t20220421＿620261. html.

❷ 国务院关于鼓励社会力量兴办教育 促进民办教育健康发展的若干意见［EB/OL］. （2016 – 12 – 29）［2024 – 07 – 09］. 教育部网站，http：//www. moe. gov. cn/jyb＿xxgk/moe_1777/moe_1778/201701/t20170118_295161. html.

教育教学、学生资助、教职工待遇以及学校的建设和发展。❶

2017 年，修订版的《普通高等学校学生管理规定》（以下简称《学生管理规定》），着眼于学生全面发展的视角，更加突出对学生"权益"的保护。一是建立完善公平的奖励制度，要求高校在确定推荐免试研究生、国家奖学金、公派出国留学人选等赋予学生利益的行为方面，应当建立公开、公平、公正的程序和规定，依法依规对学生进行表彰和奖励。二是明确"学生申诉"程序，专门新增"学生申诉"一章，完善申诉制度和程序，强化学生申诉委员会的职责，增加教育部门对学校行为的监管措施。❷

2019 年，财政部、教育部等部门印发《学生资助资金管理办法》明确提出符合条件的民办普通高校（含独立学院）等学生可按规定享受国家助学金、国家奖学金等各项国家资助政策。对在经教育部门、人力资源社会保障部门依法批准的民办学校就读的一、二、三年级符合免学费政策条件的学生，按照当地同类型同专业公办学校标准给予补助。民办学校应从学费收入中提取不少于 5% 的资金，用于奖励和资助学生。❸

2021 年，中华人民共和国国务院出台了新修订的《中华人民共和国民办教育促进法实施条例》（以下简称《实施条例》），进一步明晰了民办高校学生享有的基本权益，也对民办高校学生同等权益

---

❶ 教育部、人力资源社会保障部、工商总局关于印发《营利性民办学校监督管理实施细则》的通知 [EB/OL]. (2017 – 01 – 05) [2024 – 04 – 11]. 教育部网站, http://www.moe.gov.cn/srcsite/A03/s3014/201701/t20170118_295144.html.

❷ 普通高等学校学生管理规定 [EB/OL]. (2017 – 02 – 04) [2024 – 10 – 13]. 教育部网站, http://www.moe.gov.cn/jyb_xxgk/xxgk/zhengce/guizhang/202112/t20211206_585064.html.

❸ 财政部、教育部、人力资源社会保障部 退役军人部 中央军委国防动员部关于印发《学生资助资金管理办法》的通知 [EB/OL]. (2021 – 12 – 30) [2024 – 10 – 13]. 教育部网站, http://www.moe.gov.cn/jyb_xxgk/moe_1777/moe_1779/202308/t20230807_1072786.html.

进行界定，规定了民办高校学生同等享有受教育权、申请相关科研项目权，以及升学、就业、社会优待、参加先进评选、获得助学贷款、奖助学金等方面的权利。❶ 在基本权益方面，《实施条例》不仅明确规定了民办高校学生当前应当享受的基本权益，而且结合民办教育分类管理改革的具体实际，预先考虑将来可能发生的学生权益受损情况，对民办高校学生的未来权益情况进行规范。如第十条提出，民办学校存续期间，举办者不得抽逃出资，不得挪用办学经费。民办学校及其举办者不得以赞助费等名目向学生、学生家长收取或者变相收取与入学关联的费用。第三十一条规定民办学校招收学生应当遵守招生规则，维护招生秩序，公开公平公正录取学生。第六十一条要求各级人民政府及有关部门在对现有民办学校实施分类管理改革时，应当充分考虑有关历史和现实情况，保障受教育者、教职工和举办者的合法权益，确保民办学校分类管理改革平稳有序推进。在同等权益方面，《实施条例》第三十一条提出实施学前教育、学历教育的民办学校享有与同级同类公办学校同等的招生权，可以在审批机关核定的办学规模内，自主确定招生的标准和方式，与公办学校同期招生。第三十九条规定，民办学校及其教师、职员、受教育者申请政府设立的有关科研项目、课题等，享有与同级同类公办学校及其教师、职员、受教育者同等的权利。相关项目管理部门应当按规定及时足额拨付科研项目、课题资金。各级人民政府应当保障民办学校的受教育者在升学、就业、社会优待、参加先进评选，以及获得助学贷款、奖助学金等国家资助等方面，享有与同级同类

---

❶ 中华人民共和国民办教育促进法实施条例［EB/OL］.（2021 - 04 - 07）［2024 - 09 - 14］. 教育部网站，http://www. moe. gov. cn/jyb_sjzl/sjzl_zcfg/zcfg_jyxzfg/202110/t20211029_575965. html.

公办学校的受教育者同等的权利。实施学历教育的民办学校应当建立学生资助、奖励制度，并按照不低于当地同级同类公办学校的标准，从学费收入中提取相应资金用于资助、奖励学生。第四十条规定，教育行政部门、人力资源社会保障行政部门和其他有关部门，组织有关的评奖评优、文艺体育活动和课题、项目招标，应当为民办学校及其教师、职员、受教育者提供同等的机会。

2022 年，中共中央办公厅、国务院办公厅印发《关于深化新时代教育督导体制机制改革的意见》，提出"各地要加强对民办学校的全方位督导"❶。国务院教育督导委员会办公室印发《关于加强和改进民办学校督导工作的若干意见》，明确了民办学校的督导重点，包括：加强民办学校党的建设监督，加强民办学校资产和财务管理监督，加强招生和教学工作监督，加强规范工作监督，加强安全工作监督等。其中，明确提出要"加强民办学校招生与教学工作督导。民办高校科学合理设置学科专业，建立教育教学质量标准和质量保障机制保障教师接受思想政治和业务培训""加强民办学校规范收费督导。民办高校不以校企合作、产教融合等名义擅自提高或变相提高学费标准，向学生收取实习费，实训费、校企合作费、就业委托费等"。

在全面贯彻落实民办教育新法新政的新时代，民办学校学生的主体地位不断凸显，以学生为中心的发展理念日渐深入人心。一方面，民办学校学生权益保障几乎涵盖民办学校学生就读期间的方方面面，学生的同等法律地位不断落实，权益保障范围不断加大，学

---

❶ 中共中央办公厅、国务院办公厅印发《关于深化新时代教育督导体制机制改革的意见》[EB/OL].（2020 – 02 – 19）［2024 – 09 – 14］. 教育部网站，http：//www. moe. gov. cn/jyb_xxgk/moe_1777/moe_1778/202002/t20200219_422406. html.

生发展的内容更趋丰富。另一方面，各级政府、社会团体及民办高校的权益保障权责更加清晰，例如各级政府从法规政策层面不断完善学生权益救济机制，确保学生在公平公正的环境中学习和发展。

第三节　民办高校学生权益保障面临的新形势

新时代，民办高校学生权益保障面临着更加复杂多变的外部形势，这既有政策调整、制度变迁带来的影响，也有社会经济环境变化带来的风险。这些新形势新变化有力地促进了民办高校的健康发展，使民办高校在加强党的领导、规范办学行为、推进分类管理改革、优化资金管理等方面取得了长足进步，让民办高校的学生权益保障工作迈出了坚实步伐。同时，我们也要清醒地看到，新形势给民办高校学生权益保障工作提出了更高的要求，民办高校应及时回应社会需求，切实维护好学生的合法权益。

一、新质生产力对民办高校高质量发展提出新要求

新质生产力不同于依靠大量资源投入、高度消耗资源能源的生产力发展方式，新质生产力代表着生产力的跃迁，摆脱了传统的增长路径，主要依靠科技创新发挥主导作用，符合高质量发展的要求。[1] 民办高校作为我国高等教育的重要组成部分，承担着为中国式现代化建设培养高素质人才的时代使命，是建设教育强国、人才强

---

[1] 周文，许凌云. 论新质生产力：内涵特征与重要着力点 [J]. 改革，2023（10）：1 – 13.

国的重要力量。新质生产力对民办高校提出了前所未有的新要求，要求民办高校找准服务新质生产力的发力点，在办学理念、育人模式、治理方式等方面更加契合"新质"的时代需求。

第一，加快推进新质生产力的发展，要求民办高校落实好立德树人的根本任务，肩负起"高素质"劳动者培养的重任，制定人才长期培养战略，着力培养社会紧缺的应用型人才。第二，新质生产力蕴藏技术创新的内生动力，要求民办高校密切关注产业发展态势和前沿科技领域，及时调整优化学科专业，动态增设与新质生产力相关的学科专业，如人工智能等，同时适度调减合并与产业需求不匹配的专业，支撑所在地区重点产业的高质量发展。第三，新质生产力实现了教育、科技与人才的紧密联结，要求民办高校坚持公益的办学逻辑，主动营造更加宽松、便捷的科研环境，加大科研经费投入，满足教师开展科研的基本需要，着力构建"产教研"一体化的教学新样态，助推学校科研创新成果的落地应用。❶ 总之，新质生产力承担着创新人才培养的重要使命，迫切需要民办高校用好办学自主权和体制机制优势，全力打通人才培养与科技创新间的界限，加快实行以创新驱动为内核、以服务社会为担当的人才培养模式。

二、建设教育强国要求民办高校助力发挥好龙头作用

高等教育是教育强国建设的龙头，最能彰显一个国家教育的竞争力水平，在服务国家战略和重大需求上发挥着关键作用。高等教育强国的关键之一是拥有一批高水平大学，这些大学不仅包括综合

---

❶ 祁占勇，吴仕韬. 新质生产力视域下民办高校人才培养模式变革［J］. 中国人民大学教育学刊，2024（04）：5－18，181.

实力雄厚的研究型大学、服务地区经济社会发展的应用型大学，还包括面向产业和市场的职业技能型大学。民办高等教育作为高等教育的重要组成部分，长期以来一直处于"短板"位置，整体建设质量不高，发展水平良莠不齐。发挥好高等教育在教育强国建设中的龙头作用，要求民办高校加快追赶，努力在增强国家核心竞争力、促进社会发展、推动人类社会共同进步、建设高质量教育体系等方面持续发力。

一方面，增强高等教育与科技、产业的积极互动，要求民办高校持续提高服务社会经济发展的能力。近年来，我国高等教育和产业联动发展，高等教育与科技、产业资源转化效率大大提高，高等教育在赋能地区经济社会发展方面的动力显著增强，很多民办高水平大学发挥了"领头羊"作用，但面对科技、教育、产业共同体合力推动创新创业的新态势不断显现，产教融合、科教融汇需求不断高涨，民办高校面临较大的生存发展压力，同时也将迎来难得的机遇，这就要求我国民办高校加快转变发展模式，主动适应产业和科技的新挑战，不断提升社会服务能力和水平。

另一方面，推动高校分类管理，优化高等教育结构，要求民办高校坚持特色办学，树立以学生为中心的教育理念。2024 年教育部工作要点中明确提出要"完善高等教育分类发展体系"。建设完善的高等学校分类建设政策体系，引导高校科学定位、特色发展，一直是近年来我国高等教育建设的重点，也是优化高等教育内部结构、建设高等教育强国的战略选择。实地调研发现，我国高校的分类发展现状并不乐观，存在分类维度单一、办学层级较强、分类效果欠佳等问题，不少高校的办学定位与办学特色不符，办学同质化、趋同化色彩明显，民办高校的办学特色没有得到充分体现。如何汇集政府、高校、校友、师生等主体的广泛共识，及时回应产业、行业、企业等主体的多元诉求，妥善处理好学术性和应用性的关系，是摆在民办高校面前的紧迫问题，关系到民办高校在高等教育强国建设中的定位和发展问题。

三、全体人民共同富裕要求高等教育充分体现公平

2024 年 7 月 18 日，党的二十届三中全会审议通过的《中共中央关于进一步全面深化改革、推进中国式现代化的决定》，阐释了全面深化改革的必要性和紧迫性，进一步强调了以人民为中心的改革原则，透视着尊重人民主体地位和首创精神、从人民利益出发推进综合改革的价值取向。❶ 中国式现代化是全体人民共同富裕的现代化，坚守惠及全体人民的核心原则。❷ 高等教育通过提供多元化入学机会、培养德智体美劳全面发展的学生等方式，影响着学生及其家庭的生活质量。

大力改善社会民生福祉、增强人民群众满意度，要求高等教育充分体现教育的公平与公正，在高质量发展上有所突破，为促进全体人民共同富裕贡献力量。实际上，高等教育的高质量发展与共同富裕的目标高度契合，二者在发展目标、价值追求和路径实现方面具有一致性。在发展目标方面，高等教育的高质量发展不是满足少数精英大学的发展需求，也不以简单的平均主义为追求，而是追求

---

❶ 党的二十届三中全会审议通过《中共中央关于进一步全面深化改革、推进中国式现代化的决定》［EB/OL］.（2024 - 07 - 18）［2024 - 09 - 14］. 新华社，https://www. ccdi. gov. cn/toutun/202407/t20240718_362660. html.

❷ 周海涛，朱元嘉. 提高人才自主培养质量的时代价值、逻辑进路与行动策略［J］. 中国高等教育，2024（07）：4 - 8.

高等教育的机会公平。长期以来，高等教育机会公平主要被理解为受教育者不受生理、种族、地区、出身等先赋差异影响，能基于公开、透明、合理的程序，公平地参与竞争，满足主体的发展需求。在高质量发展阶段，高等教育机会公平有了更加丰富的内涵，更加强调个体在公平竞争中获得横向和纵向上更高层次的提升与发展，更加关注高等教育机会的扶弱性和适己性，更加追求机会公平在高等教育公平中的质量最优化和效果最大化。❶从实践中看，我国高等教育已迈入世界公认的普及化阶段，但不同区域、高校、群体间的高等教育机会不公平程度不仅没有缩小，反而有所加剧，"寒门难出贵子"已经成为高等教育高质量发展阶段面临的棘手问题之一，社会底层尤其是农村家庭子女的高等教育入学机会未见明显上升，农村生源学生在名校中的比例不升反降。进入新时代，"上好学"越发成为人民群众对教育的最大期盼。为此，亟须建立特殊人群的高等教育机会补偿机制，基于权利平等和特殊保护两大维度，给予特殊人群特殊关照，进一步完善"弱势"群体的高等教育机会补偿机制，最大限度地处理好权利平等与特殊保护之间的关系，发挥好补偿机制的正向效能，让优质的高等教育机会惠及每个人。

---

❶ 王子朦. 高质量发展阶段高等教育机会公平的困境与突破 [J]. 黑龙江高教研究，2024，42（08）：23–31.

第三章　国外私立高校学生权益保障概况

放眼全球，私立高校以其独特的办学特色、灵活的教育模式和卓越的教学质量，成为众多国际学生的首选。然而，随着私立高校数量的增加与国际化竞争的加剧，学生权益保障问题日益凸显，成为衡量教育质量与国际声誉的关键指标之一。本章将深入探讨国外私立高校学生权益保障方面的理论研究，通过对比分析美国、英国、德国、新加坡等国家私立高校学生权益保障的法规政策环境、政府支持方式、社会救济机制等，揭示国外私立高校在保障学生权益方面的创新举措与成功经验，总结国外私立高校学生权益保障的共性特征，为我国民办高校学生权益保障提供启发。

第一节　私立高校学生权益保障的理论研究

现有相关研究主要从私立高校学生权益保障的理论依据、制度根基和现实基础三个方面，探讨学生权益保障的必要性、学生与私立高校的地位、学生权益申诉的途径等问题。

一、保障私立高校学生权益的理论依据

在私立高校学生权益保障的理论依据方面，有研究用契约理论阐释学生权益保障的必要性。有研究指出，一些常见的法律理论应被用于保护私立高等教育机构的个人权利，其中最具影响力的是契约理论（contract theory），该理论很好地证明了学生、教职员工与私立学校的契约关系。近年来，违背信托义务的相关索赔不断涌现，尤其是对于学生的要求。根据契约理论，在违反契约的情况下，隐含合同条款和明示条款可以强制确保个人的合法权利。虽然这个理论很有用，但大多数法院都认为，商业领域的合同法不应被大批量地纳入学术环境中，理论必须适用于学术传统和惯例。由于该理论的适用范围比较有限，"契约"这一术语往往很难被鉴别，尤其是在涉及学生的情况下。如果用一些过于模糊或模棱两可的术语描述权利，不仅会让个体权利无法执行，更会影响个人权利的范围。实际上，在以消费者为主的时代，大多数私立机构都能摆脱国家行动主义的影响，学生和教职员工也越发能够借助多样化的理论观念来保护个人权利，高等教育机构学生的"消费者权利"意识愈发强烈，并有能力按照国家法律和学校签订合同。❶ 还有研究指出，正确使用正当程序（due process）能助益于高等教育机构，它能提供基本的听证程序，更能赋予学生基本的权利。如果一所高校只采用最低标准的正当程序，学生会被置于受害者的地位。❷

---

❶ KAPLIN W A, LEE B A. The Law of Higher Education [M]. 5th Edition: Student Version. San Francisco: Jossey - Bass, 2014: 39.

❷ FISHNER J T. Due Process in the Realm of Higher Education: Considerations for Dealing with Students Rights [J]. Online Submission, 2006 (32): 5.

二、保障私立高校学生权益的制度根基

国际上，各国通过法规政策对私立高校学生权益进行了明确规定，许多国家要求私立高校建立健全办学行为准则，明确学生权益保障的内容和规则，明晰政府、高校、社会等主体在保障私立高校学生权益方面的权利和责任，有的国家要求建立独立的权益保障部门，建立有效的学生权益投诉和申诉制度，为私立高校学生权益保障提供法律基础。

一方面，不少国家以法律的形式明确规定了高校学生权益的内涵、学生权益可能面临的侵害形式及学生权益救济的方法等内容，有力地保护了私立高校学生的合法权益。美国《高等教育法》（第5版：学生版）对高校学生利益问题进行了较为全面的研究，包括：教育法律和治理的演变，法律规划和争议解决，法律与政策之间的关系，教师和学生的学术自由，学生的合同权利，在线教育的法律问题，残疾学生和教师的权利，校园中的问题（安全、种族和性骚扰、学生自杀、校园电脑网络、搜查学生宿舍等），言论自由（包括公立大学的师生权利），学生组织的权利、责任和活动费用，政府对公共机构、宗教机构的支持和公立高校中个人的宗教自主权，就业、招生和财政援助方面的非歧视和平权行动，家庭教育权利和隐私法案（FERPA）。[1] 英国高等教育政策虽然历经多次调整，但教育政策始终处于社会的监督之下，学校和学生的合法权益能得到有效保障。英国高等教育领域较完整的立法始于1944年的教育法案，1988年通

---

[1] KAPLIN W A, LEE B A. The Law of Higher Education [M]. 5th Edition：Student Version. San Francisco：Jossey – Bass, 2014：4.

过的《教育改革法》，对高校管理原则、内容和方式进行了更系统的规定，提出了若干高等教育改革举措，如赋予由地方管辖的多学科技术学院和较大规模的独立学院取得与大学同等的地位，保障这类高校的同等权利，这极大地推动了高等院校之间的公平竞争，促使各类高校大幅提升高等教育供给能力，也增加了学生的高等教育选择机会。❶ 1997 年，布莱尔政府反思总结了高等教育改革成效，主张一种既要发挥好市场调节作用又要强调政府作用的"第三条道路"，扭转了过于强调国家干预或过于强调自由竞争的政策取向，在市场调节和政府管控之间找到了平衡点。

　　另一方面，政府作为公共服务的提供方和法律政策的制定者，应从公平和包容的角度，从教育资金、教育质量、综合治理、体制创新和政策制定等方面促进高等教育公平。联合国教科文组织认为，利用非国家行为体为教育发展作贡献，在不牺牲平等的情况下提供高质量的教育，政府需要明确解决好以下五个核心问题，完善教育规则，确保教育公平在资金、质量、治理、创新和政策制定方面得到保护。第一，教育资金是否有利于某些学习者而排斥其他学习者？政府需要确保家庭不必为国家承诺免费提供的教育产品和服务付费；政府应该使学生入学时就能免费获得高质量的教育；承诺教育由政府资助并不意味着所有教育都必须由政府提供，所有的教育机构都应被视为系统的一部分，拥有共同的规则、财政支持和监督机制；学校不应该选择学生，家庭和学校的择校权利不应加剧不平等。第二，是否所有的学习者都得到了他们有权获得的高质量教育，是否有人受到了亏待？政府需要建立适用于所有教育机构的质量标准，

---

❶ 冉旭. 从英国高等教育发展看英国教育政策的演变［D］. 重庆：重庆师范大学，2012：24.

质量标准不仅包括投入，也包括结果，还应涵盖安全性和包容性，并建立质量保证机制来监控和执行标准，通过学校检查、评价和学习评估进行监督。此外，政府还需要防止私人辅导对教育系统的质量和公平产生负面影响。第三，法规是有效的、可行的，还是会产生损害"弱势"学习者的意想不到的后果？政府需要制定一个明确的愿景和框架，关心所有儿童的教育，无论他们就读的学校类型如何，建立适用于所有公立和私立教育机构的通用监控和支持流程，法规需要简单、透明和高效。第四，好的教育理念是被培育还是被扼杀？政府要在公共教育系统中培育创新，营造适合的环境来催生创新，创造条件，提供平台，让多个行为体进行互动与合作，帮助公共教育系统从不同的观点和专业知识来源中受益。政府应该监测学习及其决定因素，评估良好做法的领域，提供资源使从业人员能够交流经验，试行好的理念并加以推广。第五，是否所有的声音都有平等的机会来影响教育领域的公共辩论？政策制定者需要考虑所有利益攸关者的见解和观点，保证公共教育政策过程的透明度和完整性，以阻止既得利益者对公共政策产生不当影响。❶

三、保障私立高校学生权益的现实基础

从国外私立高校学生权益保障的现实基础来看，现有研究主要从私立高校与中央政府的关系中论证保障学生个人权利的正当性。此外，部分研究从教育公平视角，阐释保障所有类型层次高校学生

---

❶ Global Education Monitoring Report Summary，2021/2：Non – state Actors in Education：Who Choose? Who Loses? ［EB/OL］．（2021 – 12 – 10）［2024 – 09 – 20］. The United Nations Educational，Scientific and Cultural Organization，https：//unesdoc. unesco. org/ark：/48223/pf00 00380076.

权益的必要性。

第一，国外私立大学与法律的相对松散关系，决定着私立大学享有更丰富的学生管理权。如美国公共高等教育机构通常受制于政府的全权管理，高校管理者受到"联邦宪法"的约束，但法律却保护私人机构不受政府的广泛控制且没有禁止个人或私立组织对言论自由、平等保护和正当程序自由的侵犯。因此，就"联邦宪法"而言，私立高校可以采取一些歧视或禁止学生抗议的行为，开除学生也不必像公立大学必须完成宪法要求的程序，也即学生权益保障更多来自私立高校，"联邦宪法"对学生权益的直接影响不大。

第二，政府对私立高等教育机构的赋权，拓展了学生权利的保障依据。私立高校学生的个人权利还有其他来源，这些来源有时可能与宪法中的来源相似。近年来，美国联邦政府和州政府越来越多地赋予了私立高等教育机构的法定权利，特别是在歧视领域（discrimination area）。例如，联邦宪法第七条关于禁止就业歧视的规定（42 U. S. C. §§ 2000e etseq.）同样地适用于公共和私人的雇佣关系。再如，Title Ⅵ种族歧视法（42 U. S. C. §§ 2000d et seq.）和 Title Ⅸ性别歧视法（20 U. S. C. §§ 1681 et seq.）都适用于接受联邦援助的机构，这些非歧视性法律与第十四修正案的平等保护原则相似，且更具保护性。

第三，全球高等教育的机会公平问题越发严峻，亟待关注"弱势"群体学生接受优质高等教育机会问题。随着高等教育的大规模扩张，高等教育不再是所有人获得专业工作的途径。我们可以让更多的人获得大学学位所带来的社会区隔（social distinction），高等教育在分配地位和区分人群方面非常有效，但我们无法增加职业岗位的数量。因此，拥有学位的人发现自己在职业等级上的地位越来越低。没有学位的人被推到更低的位置，成为二等公民。高等教育无法满足人们的期望，受教育者产生了不满情绪。此外，顶尖大学的竞争更加激烈，那些拥有先发优势的人成为赢家。来自贫困家庭的优秀学生更难获得成为精英的机会。❶

第二节　私立高校学生权益保障的实践探索

总体上看，全球范围内的私立高等教育呈现出多样化和专业化的发展态势，私立高等教育在全球高等教育市场中占有着越来越重要的地位。本节首先客观分析国外私立高等教育的总体情况，从举办主体、融资模式、多重影响等方面，呈现全球私立高等教育的总体发展现状；其次选取美国、英国、德国、新加坡四个典型国家，分析它们在保障私立高校学生权益方面的典型做法，探求国外私立高校学生权益保障的宝贵经验。

一、国外私立高等教育的总体情况

从世界高等教育的经验来看，各国主要通过加大法律政策支持、建立质量保证与认证、经济资助学生、加强监管与问责等举措，统筹好政府行政监管和市场自发调节机制之间的关系，充分调动社会多方力量，形成保障学生合法权益的最大合力，确保学生在安全、

---

❶ MARGINSON S，沈文钦，王嘉璐. 关于全球高等教育研究未来的若干思考［J］. 中国高教研究，2024（08）：9－13.

公平、高质量的发展环境中学习发展。同时，私立高校数量在新兴市场国家和地区迅速增长，以不断满足日益增长的高等教育需求，很多私立高校在教育教学质量、校园硬件设施建设、国际化合作与交流等方面加大投入，力争提供更高质量的高等教育服务。

第一，几乎所有国家都由国家和非国家行为体共同提供高等教育服务。全球约有33%接受高等教育的学生就读于私立院校，其中中亚和南亚以及拉丁美洲和加勒比地区的比例最高。民办教育的增长是对各种需求的回应。以宗教或文化为导向的教育机构与历史和传统有关，满足了对"不同"教育的需求。精英学校的出现是为了满足对"更好"教育的需求，通常是更富裕人群的需求。另外，规模较小的非教派学校数量出现激增，以应对"更多"高等教育的需求，特别是在公共预算紧张的情况下。

第二，民办学校的融资模式对教育质量与公平有重大影响。大多数民办学校，特别是那些规模较小的非精英学校，在很大程度上依靠收费来获得办学资金。在大多数国家，政府也在资助民办学校。在印度尼西亚，一些教职人员作为公务员得到补贴；而在泰国，民办学校可以获得一项特别基金。如果获得公共资金，就可以鼓励民办学校推进某些改革举措，或在有条件的情况下推动民办学校达到质量或公平标准，进而帮助提高民办学校的教育质量。

第三，家庭承担了更高比例的高等教育经费，需要国家和非国家主体更好地满足它们获得支持的需求。政府可以向民办学校提供有针对性的费用补贴（如在巴西和智利），或者补贴学生贷款计划，在70多个国家，所有接受高等教育的学生都可以获得贷款。非国家行为体通过公司、基金会、非政府组织和慈善机构支付的奖学金，

以及通过提供学生贷款或收入分成协议，帮助家庭支付学费。❶

第四，促进公平的法规比行政规则更少见。旨在改善"弱势"群体接受高等教育机会的配额或特殊录取标准并不总是适用于民办教育机构。真正适用的时候，通常只适用于接受公共资金的学校，如在印度；例外情况包括要求民办学校为一些学生提供助学金或奖学金，如玻利维亚和厄瓜多尔；有的为学费设置上限，如阿塞拜疆和肯尼亚。

第五，民办学校会对教育质量产生影响。规模较小的收费学校往往只提供几个专业领域，大多以职业为导向。在印度，大约40%的私立大学只提供一个专业领域，一般是教育专业。民办学校的学术人员不太可能是全职的，在塞内加尔，全职人员不到20%，他们往往是来自公立学校的兼职教授。在马来西亚，在较小和较新的民办学校中，兼职的工作人员可以达到80%。盈利导向造成了额外的质量挑战，这些挑战与市场集中度和优先考虑回报有关。

第六，民办教育一定程度上引发了公平问题。在中等偏上收入国家，非国家行为体在总入学人数中所占的比例越大，就学的不平等程度也就越大。在乌拉圭，民办学校中超过75%的学生来自最富裕的1/5人口；而在公立学校中，这一比例不到40%。尽管如此，民办学校仍可以为面临被排斥风险的群体提供教育机会。在沙特阿拉伯，民办学校通过提供仅限女性参加的课程扩大了妇女的入学机会；而在马来西亚，民办学校为因民族配额而禁止进入公立学校的华裔和印度裔提供了教育机会。然而，这种单独的教育供应可能对

---

❶ Global Education Monitoring Report Summary，2021/2：Non – state Actors in Education：Who Choose？Who Loses？［EB/OL］．（2021 – 12 – 10）［2024 – 09 – 20］. The United Nations Educational，Scientific and Cultural Organization，https：//unesdoc. unesco. org/ark：/48223/pf00 00380076.

社会凝聚力构成风险。监管框架往往反映政府对非国家行为体的看法。严格的监管与不信任有关，而对非国家行为体更有利的看法可以促进认可、监督，甚至便于它们获得公共资金。在一些国家，营利性学校受到更严格准则的约束——它们可能被完全取缔，如阿根廷和智利；或者面临预算分配的限制，比如在菲律宾，投资回报率上限为10%。总的来说，质量保证机制已经帮助各国关闭了从事欺骗性商业行为或提供低质量服务的学校。2017年，巴基斯坦高等教育委员会发现全国有153家非法运营的学校。但是，往往缺乏认证和监督民办学校所需的资源。

二、国外学生权益保障的典型做法

长期以来，各国普遍将消除不平等和提升教育质量作为教育发展的优先主题，特别关注"弱势"学生群体的受教育问题，颁布和制定了针对"弱势"学生群体的教育补偿法案或规划，如美国的《不让一个孩子掉队法案》（*No Child Left Behind Act*，2001）、加拿大的《原住民教育行动计划》（*Aboriginal Education Action Plan*，2004）、澳大利亚的《原住民与岛民教育行动计划》（*Aboriginal and Torres Strait Islander Education Action Plan*，2010）、法国的《重建共和国基础教育规划法》（*La loi d'Orientation et de Programmation Pour la Refondation de l'Ecole de la Republique*，2013）等，旨在缩小不同类型学生群体的学业成就差异，让更多学生享受到同等的受教育机会和教育权益。总之，国外通过政府监管、法律保障、认证制度和学费保障计划等多种手段，全面保障私立高校学生的权益。这些措施不仅保障了教育教学质量，还有效减少了因学校关闭给学生带来的学费损失，保障了民办高校学生的合法权益。以下以美国、英国、德国、新加坡四国为例，分析它们在保障民办高校学生权益方面的典型做法，以期为我国民办高校学生权益保障工作提供借鉴。

（一）美国：同等资助私立高校学生

一方面，私立高校学生享有和公立高校学生同等的资助权利，能获得政府、社会机构和私立高校的资助。美国私立高校多由个人、宗教组织、私人团体兴建和资助，经费来源主要是向学生收取的比公立高校高得多的学费，学费收入在私立高校经费来源中占第一位，政府财政经费所占的比例较少，但私立高校学生依然能在联邦、州和地方政府三级的私立高校资助体系下获得同等资助，家庭经济困难的学生还能得到联邦政府、州政府、慈善机构和院校的相应资助，保障他们接受高等教育的机会和过程平等。学生财政资助是联邦资助的重要组成部分，通过直接提供奖学金和教育贷款，约一半以上的私立高校学生能获得财政资助，联邦政府提供的助学金类型主要包括复员军人助学金、院校工读项目教育机会助学金、佩尔助学金等。

但受经济形势影响，美国私立和公立高校都面临着经费短缺问题，四年制高等教育机构学费普涨，许多州的学生资助项目减少、额度降低，越来越多的学生选择就读学费低廉的社区学院。为保障学生接受高等教育的权益，联邦政府采取增加佩尔助学金额度和资助范围、简化申请程序、增加学费抵税额度、改革助学贷款制度、资助工读计划等措施，保障学生不因经济困难失去接受高等教育的机会。佩尔助学金的拨款总额翻倍，接受佩尔助学金的学生数量从

2008 年的 610 万人扩大到 2012 年的 900 万人，资助额度每年增加了 800 美元达到 5550 美元。最重要的是，美国通过立法改变了从 1965 年开始的联邦助学贷款制度，有力地保障了更多学生的权益，并由此加强了联邦的教育职能。

另一方面，私立学校学生能获得公立学校机构的指导和帮助。在 2001 年颁布的《不让一个孩子掉队法案》和 2004 年修订的《残疾人教育法案》之后，美国开始实施《小学和中学教育行动》，要求公立学区应基于公平的原则，为私立学校的学生提供公平服务和福利，公立学校为私立学校的学生、教师和家长提供及时和有意义的咨询，且咨询必须在私立学校学生、教师和家长参与的整个设计、开发、实施和评估的决定之前进行。

(二) 英国：保障"弱势"学生群体受教育权益

英国的高等教育早已达到大众化和普及化程度，但教育系统的发展不均衡问题依然存在。为促进薄弱学校发展、提高"弱势"学生学业表现，教育部、就业和退休保障部、教育标准办公室等制定了一系列教育改革政策和实践行动方案。

一方面，英国政府将教育质量与公平视为促进社会公正的最佳途径。进入 21 世纪后，英国教育政策尤为强调"高标准"和"平等机会"，教育开始被视为减少社会排斥、改善"弱势"群体处境的最佳途径。要求学校改革适应所有学生的多样化需求，特别是来自城市或农村的偏远地区、来自少数族裔家庭、享受免费学校午餐和有不良行为表现的"弱势"学生群体的教育发展需求。

2010—2015 年，政府更是将实现不同群体的公正平等作为英国社会发展的当务之急，提出通过教育系统推动社会公正的四大目标：
（1）给予学校和学院更大的自主权来提升教学标准；（2）缩小"优势"学生群体和"弱势"学生群体之间的学业差距；（3）为每一个孩子提供平等的机会；（4）通过扩大参与和提高志向来完善社会阶层流动。❶ 在四大目标的框架下，2010 年发布《特许学校法案》（Academy Act），鼓励薄弱学校申请成为特许学校，以帮助这些薄弱学校提高标准。2012 年，教育部与就业和退休保障部共同发表了《英国儿童贫困报告》，指出英国儿童遭遇的贫困问题不仅仅表现在家庭收入上，也表现在物资、机会和志向上，表达了消除英国贫困群体螺旋状发展的决心。❷ 2014 年，《儿童与家庭法案》、《2010 年平等法案与学校教育》、《儿童贫困战略（2014—2017 年）》不仅要求地方政府为残疾学生、学习障碍学生和其他"弱势"学生群体提供特殊教育服务、健康关爱服务和社会关爱服务，而且建议从家庭经济水平根源上改善贫困儿童的生活处境。❸

另一方面，英国政府也开始多角度支持"弱势"群体的教育，如 2008 年颁布的《教育与技能法案》（Education and Skills Act）要求根据学业成就，为 18 岁以下没有达到 3 级资质（level 3 qualification）或有其他学习障碍的学生提供适合其个体需求的全日制教育或培训，❹ 根据社会处境，确保每一个孩子不因其"弱势"家庭背景受到教育

---

❶ BAMFIELD L. Child Poverty and Social Mobility：Taking the Measure of the Coalition's "New Approach"［J］. The Political Quarterly, 2012（04）：830.

❷ Department for Work and Pensions, Department for Education. Child Poverty in the UK：The Report on the 2010 Target［R］. London：the Stationery Office, 2012：23.

❸ Department for Education. Children and Families Act 2014［R］. London：HMSO. 2014：20.

❹ Department for Innovation, Universities and Skills. Education and Skills Act 2008［R］. London：HMSO, 2008：1-2.

权利上的不公，保障每个孩子的公平受教育权。❶

由此可见，无论学生出身何等家庭、处于何种家庭经济社会背景、就读于何种地区和类型学校，英国政府都努力让每个学生获得同等的入学机会，逐步缩小"弱势"群体学生和其他学生群体间的教育差距，大力促进教育公平正义。

（三）德国：平等对待私立高校及其学生

德国崇尚竞争和民主的改革氛围使得政府和社会公众对私立高校总体持支持态度，私立高校和公立高校的法律地位是平等的，政府对私立高校没有特别的限制或歧视，私立高校在国家认证和专业认证方面，享有和公立高校同等的政策。在此背景下，德国私立高校尤其是私立的应用技术大学已经成为德国高等教育中的重要组成部分，具备非常明显的竞争优势，形成了鲜明的办学特色。

德国私立高校办学几乎不会面临政策性影响，只需要面临日常运营风险即可。这种支持性的外部环境有力促进了德国私立高等教育的成功。此外，德国私立高校的成功主要得益于以下五个因素的共同影响：一是市场导向，针对明确定义的学生目标群体；二是实践导向，德国私立高校坚持以实践为导向的教学，在制定课程时充分征求企业界意见，同时学校通常与大型公司的实习和项目建立了长期稳定的合作，教师通常直接来自企业，他们可以将新动态新趋势直接传授给学生，也可以用真实的案例，通过更具吸引力和更易理解的方式传授教学内容，学校开设的专业直接面向未来可能从事的职业，为学生就业及职业生涯做好准备；三是目标导向，把学生

---

❶ Child Poverty Unit. Child Poverty Act 2010［R］. London：HMSO，2010：4.

的学习作为投资的重要依据；四是学生导向，私立高校小班化教学让教师和学生能进行更加密切充分的交流，学生能获得更好的个别指导与支持；五是需求导向，课程组织和学习形式能够满足学生的灵活需要。

总之，平等对待、不特殊优待也不歧视是德国私立高校最基本的治理原则，无论是在法律地位、准入条件还是质量标准方面，德国都未对私立高校和公立高校采取区别政策，而是特别注重认可、认证、评价在质量保障中的作用，平等对待公立高校和私立高校。因此，德国私立高校虽然也经历了快速发展阶段，但并未出现系统性的质量和声誉问题，政府的"有为"作用发挥了重要贡献。❶

（四）新加坡：逐步资助私立高校学生

近年来，"促进教育公平"越发成为新加坡教育政策的重要理念，这在高等教育领域尤其明显，一些私立高校学生逐渐能享受和公立高校同等的资助政策。新加坡前教育部长王瑞杰曾指出"不分学生家境贫富，关怀所有学生，为他们提供各种发展机会"，体现出新加坡教育日趋包容性的发展理念。

一方面，政府切实保障社会"弱势"群体的受教育权益，大力支持弱势群体的教育发展。长期以来，私立教育在新加坡国民教育体系中扮演着补充作用，而最新的教育政策给予了社会"弱势"群体更多关注，保障他们同等的发展机会，努力促进社会公平，这有利于打破公立、私立教育的壁垒，让私立学校受教育者同等受益。

---

❶ 彭湃，丁秀棠. 高等教育普及化时代德国私立高校的发展及动因 [J]. 清华大学教育研究，2023，44（05）：111-121.

教育部除了提供各项计划和奖助学金项目外，还在继续增加校内托管中心数量，让托管中心根据学生学习进度开展课后辅导，适当组织托管中心参与社会活动，以帮助更多双职工和低收入家庭孩子应对学习问题。此外，教育部也在加强面向残障人士的特殊教育，采取扩大特殊学校招生人数、为校方提供更多经费、为教职员提供在岗培训等有力举措，对于未满 35 岁的特殊学校毕业生，社会发展、青年及体育部还将给予"就业入息补助"，竭力减轻其就业压力。

另一方面，政府不断扩大资助覆盖面，努力让财政支持惠及优质私立高校学生。在新加坡，私立高校承担着弥补公立高校教育规模和专业领域不足的作用。随着民众对高等教育多样化需求的日益增长，政府在积极支持公立高校发展的同时，开始资助少量办学质量较好的私立高校，如通过学费津贴和基建经费补贴等形式，扶持私立的新跃大学、南洋艺术学院和拉萨尔艺术学院，确保在这三所学校就读的新加坡公民和常住居民，享受与公办高校学生一样的资助政策，获得政府一定程度的学费津贴。例如，新跃大学是新加坡唯一可颁发文凭的私立高校，隶属于私立高等教育机构新加坡管理学院，主要为在职人员提供大学教育，自 2014 年开始，政府津贴占本科生学费的比例约为 70%，极大减轻了求学者的经济负担。南洋艺术学院和拉萨尔学院都是培养艺术专门人才的高等学府，政府给修读大专课程的公民学生提供 70% 的学费津贴；修读政府指定本科专业的公民学生，根据专业不同，能获得政府 50%～70% 的学费津贴。

第三节　私立高校学生权益保障的经验

国外私立高校学生权益保障的理论研究与实践探索，让我们认识到私立高等教育在高等教育系统中的独特地位，也让我们站在整个教育系统、社会乃至国家的视域下重新审视民办教育的独特作用。本节将总结国外私立高校学生权益保障的典型经验，结合我国民办高校学生权益保障的实际，探寻国外私立高校学生权益保障做法对我国的启示。

一、同等承认民办教育的独特性

一项来自 30 个中低收入国家的数据显示，没有哪种类型的教育质量比其他类别的更好，一旦考虑到家庭特征，就读私立学校的表面溢价一般会下降 2/3。❶ 这表明，至少从国际比较的视野看，公立教育和私立教育的差别，并非代表教育质量的高低，私立教育也并非都是优质教育的代名词。

在某些情境下，我们习惯于简单将教育划分为民办教育和公办教育；但在实践中，民办和公办的区别并非如此明确，情况也许更加复杂。比如非政府类办学主体可能出于价值观、兴趣、情怀等多种原因进入教育领域，很多市场化行为也并非独立于政府之外，有

---

❶ 2021/2 Global Education Monitoring Report: Non – state Actors in Education Who Choose? Who Loses? [EB/OL]. (2021 – 12 – 10) [2024 – 09 – 20]. the United Nations Educational, Scientific and Cultural Organization, https://unesdoc.unesco.org/ark:/48223/pf0000380076.

的市场主体还与政府建立了良性的合作关系，比如承包关系、公私合作关系等，因此民办教育和公办教育之间的界限可能非常模糊，民办和公办教育并非对立关系，而是存在深远的合作根基，具有兼容并包、互利共赢的无限可能。此外，从国际比较的视野看，我们也很难给出"私立高校办学质量更好"的结论，就读私立高校易受家庭经济条件、父母教育水平等因素的综合影响，家庭经济条件较好、父母受过良好教育、具有更高抱负的父母更有可能选择私立学校，这会给私立学校更多的生源选择主动权，它们可能通过入学筛选机制进行"掐尖"招生，加大或减小公立与私立教育的差距，造成公立与私立教育质量的动态变化。在美国，哈佛大学、斯坦福大学等世界顶尖的私立学府是私立性质；在德国，私立高校并不都是"二等"高校●，不能简单将私立教育等同于"低质量教育"，要平等对待私立高校和公立高校，既不搞特殊优待，也不搞隐形歧视，营造尊重多元、鼓励创新的良好支持环境。

二、找准高等教育市场化的边界

放眼国外，不难看出高等教育市场化改革的复杂性和改革成效的多面性。以英国和日本为例，英国高等教育经历了较为激烈的市场化改革，高等教育政策经历了由"凯恩斯主义"的国家干预阶段，到"撒切尔主义"的完全市场化尝试，最终探索出一条成熟、谨慎的"第三条道路"。❷日本政府既利用市场机制推进大学改革，又给

---

❶ 彭湃，丁秀棠. 高等教育普及化时代德国私立高校的发展及动因 ［J］. 清华大学教育研究，2023，44（05）：111 – 121.

❷ 冉旭. 从英国高等教育发展看英国教育政策的演变 ［D］. 重庆：重庆师范大学，2012：29.

大学足够的自主发展空间。❶ 作为一个市场经济国家，日本对大学的"管控"严格且具体，具有较强的"计划性"，这也是日本高等教育区别于其他市场经济国家的一个显著特征。但在日本高等教育体系建立几十年之后，国立和公立大学不可避免地产生了惰性。为激发国立大学的办学活力，提高国立大学的竞争力，日本政府在 2004 年推出了"国立大学法人化"重大改革，旨在借鉴"新自由主义"思想，让国立和公立大学直接面对市场，强化其社会服务能力。"国立大学法人化"改革实施近 20 年之后，国立和公立大学的生存发展空间发生了变化，改革效果已经显现。同时，政府拨给国立大学的运行经费依然保持在 50% 左右，这使得国立大学能够延续其长期实行的"优质低价"学费政策，以便留住家庭困难的优质学生。

这些经验启示我们，高等教育市场化应当保持合理的边界，在推进市场化改革的同时，始终坚持高等教育的公益属性；就民办高校而言，追求经济回报和坚持公益办学并非完全对立，二者能够在特定情境下实现有机融合，这就需要不断优化民办教育制度供给，包括民办教育准入制度、产权制度、激励制度、退出机制等，既要给民办高等教育留足充分的发展空间，让市场这只"看不见的手"最大限度发挥好"自我匹配"作用；又要着力提供更公平的教育服务，满足所有学生接受优质高等教育的需求。

三、寻求教育公平与质量的共鸣点

从国际上看，非国家主体主要参与儿童早期教育、技术教育、

---

❶ 邬大光. 日本高等教育有何"过人之处"[J]. 复旦教育论坛，2022，20（05）：89 – 95.

高等教育和成人教育的办学和内部治理。但由于非公办幼儿教育和高等教育的办学及运营成本普遍较高，这些学校或机构可能为了降低办学成本、追求更高的办学回报，吸纳更多社会经济水平条件较高的学生，甚至可能吸引更多的社会精英人才，这极有可能会以牺牲公平和质量为代价。研究表明，美国追求利润最大化的大学与学生成绩的下降有关；通过市场竞争或技能发展系统提供私人培训的机构被迫重新思考问责制和监督程序，以提高民办教育质量，改善就业能力结果，如澳大利亚的 TVET FEE – HELP 贷款计划和印度的国家技能发展公司。❶ 这些事实启示我们，虽然公共财政支持的教育不一定要由公办学校提供，但教育过程、学生成绩和教师工作条件等方面的差异应得到积极解决，政府需要努力提高教育政策过程的透明度和完整性，将所有学校、学生和教师视为社会系统的一部分，标准、信息、激励措施等应有助于尊重和实现所有人的受教育权，避免对教育特权和不公正待遇视而不见。

我国各级教育的普及程度已达到或超过中高等收入国家平均水平，高等教育实现了从大众化到普及化的历史性跨越，教育总体质量不断提升，尤其是党的十八大以来，义务教育阶段建档立卡辍学学生实现动态清零，为全面建成小康社会作出重要贡献；以政府为主导、学校和社会积极参与的学生资助政策体系得以建立，实现了"所有学段、所有学校、所有家庭经济困难学生"的全覆盖，累计资助学生近 13 亿人次，确保"不让一个学生因家庭经济困难而失学、辍学"。可以说，我国教育公平的阳光正洒向中华大地的每一个角

---

❶ 2021/2 Global Education Monitoring Report：Non – state Actors in Education Who Choose？ Who Loses？ [EB/OL]. (2021 – 12 –10) [2024 – 09 – 20]. the United Nations Educational, Scientific and Cultural Organization, https：//unesdoc. unesco. org/ark：/48223/pf00 00380076.

落。但需要承认的是，我国教育公平的实现程度尚不充足、高等教育层次结构仍有较大的优化空间、人民群众的教育满意度和获得感仍需提升，这些现实困境导致教育供给与需求有所失衡，不利于补齐教育短缺，有可能损害部分群体的受教育权利。❶ 作为中国高等教育的重要组成部分，民办高等教育的质量提升问题同样面临严峻挑战。作为受教育过程中最重要的主体，民办高校学生诉求满足度是考验教育质量的重要标尺，也是民办高校改革和发展的终极目标，需要引导民办高校全面总结梳理自身高质量发展中面临的关键问题，围绕民办高校的办学理念、教学方式、培养场景、服务重心等要素，提出全方位、多层次的学校转型发展策略，及时转变办学理念，全过程贯彻应用型人才培养定位；引导教师及时转换角色，增强对民办高校育人工作的结构性认同；创新教学方式，主动推动教学方式的智能转型；重新审视人口等因素对民办高等教育格局带来的影响，打造具有学校特色的服务品牌，吸引留住优质生源，为民办高校高质量发展奠定坚实基础。

---

❶ 佘宇，单大圣. 论教育发展与共同富裕 [J]. 行政管理改革，2022，156（08）：14－22.

第四章 民办高校学生权益保障同等性调查分析

　　了解当前我国民办高校学生权益保障同等性的现状，剖析影响民办高校学生权益保障的内外部因素是破解民办高校学生权益保障现实瓶颈的必要环节，有助于针对性地提出对策建议，切实保障学生的合法权益。本章首先以基本公共服务可及性理论为基础，通过系统分析基本公共服务可及性理论"可知晓性""可接近性""可获得性""可接受性""可适应性"五大要素的基本内涵、核心要义、实现路径等，指出基本公共服务可及性理论与本研究的适切性。其次，采用解释性混合研究方法，调查民办高校学生权益保障的满意度、感知度和同等性，分析影响学生权益保障同等性的内外部因素。最后，基于调查研究数据和访谈资料，从学生权益保障的内容、对象、主体、成效四大方面，分析当前民办高校学生权益保障同等性的现状。

第一节 民办高校学生权益保障同等性的理论基础

基本公共服务可及性坚持以人为本的基本原则，旨在提高社会公众对基本公共服务的满意度。本节通过全面分析基本公共服务可及性理论的核心内容，形成对基本公共服务可及性理论的全面认识，提炼出基本公共服务可及性理论与本研究的连接点与适切性，构建起本研究的理论基础。

一、基本公共服务可及性理论的内涵

党的二十大强调"健全基本公共服务体系，提高公共服务水平，增强均衡性和可及性"[1]，为持续做好改善基本公共服务工作提供了根本遵循，也是推动共同富裕、改善社会民生的重要着力点。推动构建人人可及的基本公共服务体系，既要坚持尽力而为，持续推进基本公共服务均等化，提高基本公共服务水平程度，兜牢基本民生保障底线；也要坚持量力而行，着力扩大普惠性非基本公共服务供给，满足多元化的公共服务需求，丰富人民群众的日常生活，增强公共服务的可及性和均衡性。

基本公共服务是公共服务的重要方面，与普惠性非基本公共服务一起，构成了提高公共服务水平的"车之两轮"；可及性是无论公

---

[1] 习近平：高举中国特色社会主义伟大旗帜 为全面建设社会主义现代化国家而团结奋斗——在中国共产党第二十次全国代表大会上的报告 [EB/OL]. (2022 – 10 – 25) [2024 – 01 – 10]. 新华社, https://www.gov.cn/xinwen/2022 – 10/25/content_5721685.htm.

民社会经济条件如何，都应平等充分地获得公共教育、医疗、养老等服务，确保公众能无差别地获得公共服务的机会与资源。基本公共服务可及性，是以人本主义思想为引领，以满足公众基本公共服务满意度为目标，以解决供给需求关系为核心，以了解公众多元需求、整合资源、优化供给结构、丰富供给内容为路径，从而实现基本公共服务供需适配的真实程度。基于国内外关于基本公共服务可及性的相关研究，本研究将基本公共服务可及性概括为"可知晓性""可接近性""可获得性""可接受性""可适应性"五大要素。❶

可知晓性，即公众对公共服务的内容、获取方式、质量等的知晓程度。提高基本公共服务的可知晓性，有助于提高公众对政府服务提供方的信任，还是提升公共服务质量的重要途径。公共服务可知晓性受到多种因素影响，主要包括信息公开程度、信息传播方式、公众参与意识等。政府等主体及时公开相关政务信息，持续提高信息的透明度，有利于保障人民群众的知情权、参与权和监督权，也是依法行政的必然要求；信息传播方式是否可靠，信息传播成效是否透明，关乎公共服务的可及性水平，可发挥数字化技术在信息记录存储、数据采集与开放、数据安全维护等方面的独特作用；不同背景公众参与公共决策的意识和能力也是影响公共服务可及性的重要因素，如果公众无法及时从信息资源中获得完整的教育、医疗卫生等信息，公众对公众服务的信任度便会下降，也会影响公共服务可及性的实现。

可接近性，涉及服务资源与服务对象之间的距离，关注公众获得和使用公共资源的便捷程度，主要包括空间分布、时间成本、经

---

❶ 何继新，邱佳美，侯宇. 基本公共服务可及性：理论进展、逻辑框架与关键问题[J]. 四川行政学院学报，2025（01）：151.

济负担等维度。从地理空间分布看，公共服务的可接近性强调服务供给方与需求对象之间的距离，例如乡村地区的学生能否享受到优质的公共设施，能否获得公平的教育服务，政府是否将公共资源向农村和基层倾斜，增加欠发达地区的公共资源供给。时间和经济成本是影响公共服务可及性的重要因素，这意味着在提供标准化、配套化服务的同时，要兼顾个性化需求，要考虑到特殊群体的经济负担能力，提供有针对性、多元化的公共服务，避免"一刀切"，努力实现优质公共资源的均衡布局。

可获得性，是指公众能否方便快捷地获得符合自身需求资源的程度，关注公共服务数量、类型等与服务对象需求之间的匹配度。公共服务可获得性的影响因素较为复杂，受到公共服务供给能力水平、供需关系、公共服务质量、公共服务均等化水平、地方经济发展水平等因素的综合影响。例如，当前我国基本公共服务均等化的统计数据日趋完善，但基本公共服务的诸多政策尚未落实落细，实际的不均等依然存在，在某些关键领域仍未解决好"最后一公里"的问题，亟须着眼不同地区不同群体的差异性诉求，统筹好政府力量和市场力量的关系，采取多种公共服务供给方式，不断提升公众对基本公共服务的获得感。

可接受性，是指公众对公共服务的满意程度，是公众对服务质量高低的主观感知与评价。服务的可靠程度、政府形象、公众信任度等都可能会影响基本公共服务的可接受性，这就需要从提高基本公共服务的质量、转变公共服务提供手段、提高政府公信力等角度着手，不断提高基本公共服务的可接受性。例如，可借助现代数字技术促进优质教育资源的普及与共享，发挥好数字化技术在打破时间空间地域限制方面的独特优势，让优质教育资源在区域、城乡、校际共享，提高优质教育资源的覆盖率，不断提高人民群众对教育服务供给的满意度和信任度。

可适应性，是指基本公共服务能根据内外需求变化，灵活调整和优化供给结构，满足不同群体的多元需求。提高基本公共服务的可适应性，需要持续推动供给侧结构性改革，着力补短板、强弱项、提质量、促共享，不断加强制度化建设，扩大有效供给，提高供给质量。具体来看，政府作为社会公共服务的主要提供方，需要全方位了解公共服务需求的现状，对公共服务需求的变化作出及时响应，将需求与服务紧密对接，不断提高服务供给结构的灵活性。

二、基本公共服务可及性理论的借鉴

基本公共服务可及性的本质要求是"和合共生"，即将基本公共服务无差别地惠及所有人群尤其是"弱势"群体，推动基本公共服务下沉到所有区域。据相关统计，公共教育可适应性在公共服务需求可及性中排名倒数第二，表明公共教育服务体系仍存在需求回应能力不足、服务人员水平有待提升、服务歧视等问题。❶ 这些现实问题要求持续增加公共服务供给、提升公共服务质量、不断降低公共服务价格，也为民办高校学生权益保障同等性提供了有益借鉴，具体如下：

第一，民办高校需秉持公益性的办学原则，处理好公益性和营利性的关系。与公办高校相同的是，民办高校是面向社会提供公共服务；与公办高校不同的是，民办高等教育服务是市场机制进入高

---

❶ 李豪轩. 公共服务可及性与民生获得感的关系研究［D］. 成都：四川省社会科学院，2023：68.

等教育领域的结果。市场机制进入教育领域，不仅构建了一个准教育市场环境，形成了多样化的教育服务供给，而且引起了公众对高等教育服务公益性与营利性关系的关注。公益性是教育的本质属性，也是民办高等教育的根本要求。在民办教育分类管理的背景下，无论是营利性民办高校还是非营利性民办高校，无论是民办高校还是公办高校，都存在营利行为，但只要高校将营利收入用于教育教学，其营利行为便是服务于公益性办学。由于资本天然的逐利性，民办高校难免会追求经济效益，但在追求经济效益的同时，民办高校还应坚持教育公益性的办学原则。实际上，越来越多的民办高校开始关注办学的社会效益，将办学公益性作为主要的办学逻辑。例如，民办高校的生源多是公办高校筛选后的，是高考体制下的"弱势"群体，民办高校为这类学生提供接受高等教育的机会，避免了这些学生高中毕业后直接进入劳动力市场。可以说，民办高校提高了这类学生的受教育层次，增强了他们的素养和能力，产生了较大的社会效益，增进了社会的整体福祉。

第二，扩大有效供给，更加关注民办高等教育的高质量发展。基本公共服务可及性的核心在于提高供给与需求的匹配程度，提高公共资源的使用效率，优化公众的公共服务体验。对于民办高校而言，这意味着政府、民办高校、社会用人单位等主体应对标民办高校学生多元化的就学需求，提供适合的教育服务，包括学业支持、就业指导、教学服务等，不断提高学生的获得感。当前，有些民办高校处于初创阶段，学校基本建设、招生录取工作、教师队伍建设等尚有很长的路要走，民办高校秉持的办学公益性可能无法在短期内显现出成效，民办高校的办学质量提升仍面临严峻挑战。而根据国内外后发高校的经验，即便是完成初创任务、步入良性运行轨道的民办高校，可能仍需要 10 年以上的时间才能不断完善内外部制度，提高办学实力。[1] 在此背景下，民办高校需要一个相对宽松、足够包容的政策与社会环境。同时，也要看到教育强国建设对民办高校提出的新要求和新期盼，认清我国民办高校正处于初级发展阶段的客观事实，引导民办高校自觉规范办学行为，让民办高校坚持走内涵式发展道路，为高等教育的高质量发展贡献力量。

第三，提升供给与需求的匹配程度，营造公平公正的民办高等教育服务环境。我国已建成世界上最大的教育体系，但就高等教育体系而言，区域、城乡、群体之间的资源配置效率有待提高，不同社会成员获得公共服务的差异性依旧存在，需要发挥好政府的主导责任，着眼广大人民群众最迫切、最直接、最现实的民生需求，通过调动市场主体能动性，吸引社会广泛参与，促进教育公共服务的质量提升。对民办高校学生而言，政府应该发挥好引导规范作用，多措并举，切实保障民办高校学生的奖励资助、学业就业、参与管理等合法权益，确保民办高校学生在政府资助、评奖评优、升学就业、福利优待等方面依法享有与同级同类公办高校学生同等的权利，还应清理并纠正关于民办高校的各类歧视政策，破除社会对民办高校及学生的偏见，落实好民办高校学生的基本待遇，不断提高民办高校学生的满意度。

第二节　民办高校学生权益保障同等性的研究设计

瞄准"民办高校学生权益保障同等性的现状及影响因素"这个

---

[1] 潘懋元，别敦荣，石猛. 论民办高校的公益性与营利性 [J]. 教育研究，2013，34（03）：25 – 34.

研究目标，首先，本节明确了总体研究思路，即综合采用定量研究与定性研究相结合的混合研究方法。其次，结合具体的研究问题，借助自编的调查问卷与访谈提纲，采用问卷调查、访谈等研究方法，客观分析调查数据，为民办高校学生权益保障同等性的现状及影响因素分析提供数据支撑。

一、研究方法

（一）解释性混合研究方法

本研究关注的核心问题是"民办高校学生权益保障同等性的现状"。定量研究方法过于追求事物在统计意义上的量化特征，难免会忽视具体情境中的复杂性、多样性及丰富性，忽视数量关系背后的深层根源，无法深究研究对象所处的过往情境和历史渊源；定性研究无法将小群体的研究结论加以推广，无法精确测量群体的总体特征，更不能对不同区域民办高校学生奖励资助权益同等性水平进行大样本调查。因此，本研究采用定量研究和定性研究相结合的混合研究方法，用更综合的视角获得丰富、翔实的数据。具体而言，采用混合研究设计中的解释性研究设计（见图4－1），即先开展定量调查研究，剖析研究问题，收集分析定量数据，然后开展定性研究，解释定量调查结果，深入探索定量研究结果难以揭示的问题，得出研究结论。

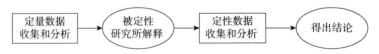

图4－1　解释性序列设计方案流程图

（二）调查工具

本研究的调查工具主要是自编调查问卷与访谈提纲，通过对样本民办高校学生和教师的调查，了解民办高校学生权益保障的感知度、满意度、同等度及影响因素。

第一，主要采用德尔斐法等研究方法，构建《民办高校学生权益保障状况调查问卷》。调查问卷包括奖励资助权益、学业就业权益、身心健康发展权益和参与管理权益 4 个一级维度，奖助范围权益、奖助力度权益、奖助结果权益等 11 个二级维度，"您认为助学贷款的数额足够""您能自主安排空闲时间用于学习"等 47 个指标。总量表的"Cronbach's α"系数和分半信度系数都高于 0.8，表明量表的稳定性较强。问卷采用李克特（Likert）5 点计分方式，从"极不符合"到"非常符合"，分别评定为 1～5 分，所有题项均采用正向计分方式，得分越高，表明该表述与被调查学生的符合度越高。调查问卷包含三部分：第一部分为导语，介绍本研究的研究问题与填答方式。第二部分为基本信息，了解被调查者的性别、（是/否）独生子女、家庭所在地、父母最高学历、学校办学层次、个人就读专业层次、所在年级、专业所属学科、专业录取批次、（是/否）学生干部、（是/否）创业经历、（是/否）贷款情况、（是/否）兼职情况。第三部分为民办高校学生对自身权益保障情况的判断。借助调查问卷，分析民办高校学生对自身权益保障的感知情况。

第二，开展民办高校学生权益保障满意度调查。在满意度调查中，分别调查学生权益保障的总体满意度，奖励资助、学业就业、身心健康发展权益和参与管理权益保障的满意度，设置题目"您对自身的权益保障情况很满意""您对自己的奖励资助权益很满意"

"您对自己的学业自主发展权益很满意""您对自己的就业和创业权益很满意""您对自己的身心健康发展权益很满意",以"极不符合""不符合""中立""较为符合""非常符合"依次递进的李克特5点量表形式呈现,利用SPSS中"Compute"命令计算各分量表的均值。

第三,考虑到教师是学生权益保障的重要一方,本研究对民办高校教师进行调研。依托课题组的调研,本研究对全国20所民办高校的9307位教师进行问卷调研,一是设置题目"您认为民办高校学生能享受到与同级同类公办高校学生同等的权益",请教师根据实际情况,选择"是"或"否";二是请样本教师选择影响学生权益保障的因素,具体选项包括"高校办学资金的充裕度""政策落地程度""高校内部管理制度的完善性""高校教育教学制度的健全度""其他"等。

第四,确立民办高校学生和管理人员访谈提纲。采用小组讨论法,确立民办高校学生和学生工作管理人员访谈提纲,深入了解民办高校学生权益保障的现状与影响因素,增强定量调查结果的科学性、全面性。

(三)学生样本数据

本研究采用严格的取样方法,确保取样符合定量和定性研究的内在逻辑。为提高研究结论的科学性与说服力,本研究从同一样本中确定定量和定性研究样本。

在定量研究样本方面,本研究按照方便抽样的方法,选取东部、中部、西部3个地区9所学校为研究样本,抽取10122个原始学生样本,剔除重复、无效样本1986份,得到有效样本8136份,有效样本率为 80.38%（见表 4-1）。

表 4-1 样本来源地区和学校信息（N = 8136）

样本来源省份	学校数	原始样本量	有效样本量	有效样本率（%）
S 省	3	3255	2582	79.3
H 省	3	3262	2789	85.5
G 省	3	3605	2765	76.7
总计	9	10122	8136	80.38

邀请样本学校通过集中作答和分散作答两种形式，在线填写调查问卷（研究者事先将问卷填写网络地址发给相关负责人），要求尽量覆盖不同专业、不同年级的学生，确保有效样本量。分类统计样本信息，发现男生占比 40.9%，女生占比 59.1%；大一学生占比为 47.3%，大二学生占比为 38.4%；非独生子女学生占比达 80.0%；本科高校占比最多，比例达 78.0%；80.1% 的学生来自农村和乡镇地区，等等（见表 4-2）。

表 4-2 样本学生基本信息（N = 8136）

项目	水平	频数	有效百分比（%）
性别	男	3327	40.9
	女	4809	59.1
年级	大一	3852	47.3
	大二	3114	38.3
	大三	918	11.3
	大四（含其他）	252	3.1
独生子女	是	1631	20.0
	否	6505	80.0
学校办学层次	专科/高职	1791	22.0
	本科	6345	78.0
个人就读专业层次	专科	3202	39.4
	本科	4934	60.6

项目	水平	频数	有效百分比（%）
专业所属学科	人文社科类	3021	37.1
	理工类	1969	24.2
	农医类	703	8.6
	艺术类	989	12.2
	其他	1454	17.9
专业录取批次	第一志愿	4637	57.0
	非第一志愿	2411	29.6
	调剂	537	6.6
	其他	551	6.8
学生干部	是	3825	47.0
	否	4311	53.0
创业经历	是	1007	12.4
	否	7129	87.6
兼职经历	是	3970	48.8
	否	4166	51.2
助学贷款	无	5064	62.2
	国家助学贷款	400	4.9
	生源地贷款	2565	31.5
	其他	107	1.3
家庭所在地	城市	1618	19.9
	乡镇	1381	17.0
	农村	5137	63.1
父母最高学历	初中及以下	5360	65.9
	高中	1791	22.0
	专科或本科	953	11.7
	研究生	32	0.4

在定性研究样本方面，本研究主要采用最大差异抽样法，在同一样本群体内，尽可能地选择不同群体、不同特质的个体，以便更

好实现质性研究的多元视角。最终选取 3 所民办高校的 6 名学生工作管理人员及 66 名民办高校学生，开展半结构式访谈，形成访谈材料。

二、调查结果

（一）权益保障满意度与感知度调查

为全面深入了解民办高校学生对权益的期待值与实际感知的权益保障水平，本研究同时调查了民办高校学生权益保障的满意度和感知度，通过比照满意度与感知度水平，了解学生对自身权益保障质量的预期与实际感知的权益保障现状。

调查发现，民办高校学生权益的总体满意度均值为 3.33，与学生权益保障的感知度均值 3.36 水平相当（见表 4-3），表明民办高校学生权益保障处于中等水平，学生权益保障现状与学生心理预期基本一致。

表 4-3　民办高校学生权益满意度与感知度均值（$N=8136$）

维度	满意度均值	感知度均值	标准差
学生权益	3.33	3.36	0.760
奖励资助权益	3.32	3.13	0.898
学业就业权益	3.40	3.55	0.801
身心健康发展权益	3.56	3.50	0.814
参与管理权益	3.31	3.24	0.839

从不同权益的满意度水平来看，身心健康发展权益均值 > 学业就业权益均值 > 奖励资助权益均值 > 参与管理权益均值，即身心健康发展权益的满意度水平最高，学业就业权益的满意度水平相对较

高，奖励资助权益和参与管理权益的满意度相对较低（见表4-3）。表明民办高校学生身心健康发展、学业、就业方面的权利和利益得到了较好保障，但学生在获得奖励资助、参与学校管理等方面的需求尚未得到有效满足，与学生的实际需求存在一定落差。

从不同权益的感知度水平来看，学业就业权益均值＞身心健康发展权益均值＞参与管理权益均值＞奖励资助权益均值，即学业就业权益的感知度水平最高，身心健康发展权益的感知度水平相对较高，参与管理权益和奖励资助权益的感知度相对较低（见表4-3）。表明民办高校学生认为自身学业、就业、身心发展方面权益得到较好保障，但参与学校治理、获得奖励资助等方面的权益尚未得到有效保障。

从满意度与感知度的对比情况来看（见表4-3），学业就业权益的满意度水平略低于感知度水平，表明学生对学业就业权益的心理预期与实际保障情况较为吻合，对民办高校提供的学业就业方面的服务较为满意。奖励资助权益、参与管理权益、身心健康发展权益的满意度水平稍高于感知度水平，表明民办高校在保障学生公平公正获得奖励资助、参与学校治理、获得身心健康发展机会等方面还有一定提升空间。此外，身心健康发展权益的满意度和感知度水平都相对较高，表明学生对身心健康发展的保障情况较为满意。

（二）权益保障同等性调查

相关调查发现，有55.6%的教师（5175位）认为民办高校学生能享有与同级同类公办高校学生同等的权益，44.4%（4132位）的教师认为民办高校学生无法享有与同级同类公办高校学生同等的权益（见图4-2）。这表明民办高校学生的同等权益保障形势比较严峻，民办高校学生在奖励资助、学业就业、参与管理、福利优待等方面仍较难获得公正待遇，民办高校学生的机会公平、过程公平和结果公平获得感尚有较大提升空间。

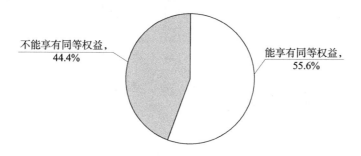

图4-2　民办高校学生能否享有同等权益保障的调查结果

（三）影响权益保障同等性的因素调查

调查结果显示，79.10%的教师认为"高校办学资金的充裕度"是影响学生权益保障同等性的主要因素，75.88%的教师认为"政策落地程度"是影响学生权益保障同等性的因素，70.34%的教师认为"高校内部管理制度的完善性"是影响学生权益保障同等性的因素，66.05%的教师认为"高校教育教学制度的健全度"是影响学生权益保障同等性的因素（见图4-3）。

可见，资金充裕度、政策供给度是影响民办高校学生权益同等性保障的主要因素，同时也要关注社会团体的支持度、学生自身维权意识等因素的重要影响，全方位多角度剖析影响学生权益同等性保障的深层次原因。

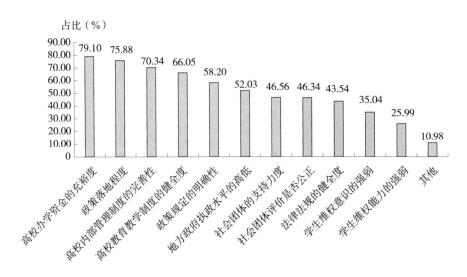

图 4 - 3　影响民办高校学生权益保障同等性的因素

第三节　民办高校学生权益保障同等性的现状分析

　　本节着重回应以下几个核心问题：民办高校学生权益保障的范围是什么，哪些权益得到了较好保障，哪些权益没有得到有效保障？民办高校学生权益保障是否存在显著的对象差异？保障学生权益的主体有哪些，主体的权利与责任是否明晰？新时代，民办高校学生权益保障同等性的成效如何？基于问卷调查和访谈，本研究发现民办高校学生权益处于结构性保障不力状态，学生权益保障的满意度达到中等水平，学生权益保障现状基本达到学生预期，但学生权益保障的同等性水平尚有一定提升空间，民办高校学生权益保障的内容、对象、主体、成效等方面还面临一些现实瓶颈。

一、保障覆盖面较广，保障深度有待提升

不同视角民办高校学生权益涵盖的内容有所不同。从显示度角度看，民办高校学生的权益包括显性权益和隐性权益；从权益保障的发生时间角度看，民办高校学生权益包括当前权益和长远权益；从权利的根本性和优先性角度看，民办高校学生权益包括基础性权益和发展性权益。民办高校学生权益保障的覆盖面不同，需要辩证看待，精准施策。

（一）显性权益保障水平较高，隐性权益保障尚有提升空间

调研发现，当前我国民办高校学生的显性权益得到足够重视，这些权益亦成为民办高校学生工作的重点；而隐性权益则在一定程度上被忽视，具体而言，学生的学业、就业、创业权益的保障水平最高，社会福利待遇、医疗服务等身心健康方面的权益保障水平相对较高，学生参与学校管理、公平公正获得奖励资助等方面的权益保障水平最低（见表4-3）。这表明，民办高校学生基本能获得学业发展、升学深造和就业创业权益，能自主选择各类课程、选择学习场所、选择实践活动等，获得学业就业创业的平台、人员、技术、资金等支持，学习生活能得到基本支持，也能基本享受日常和节假日交通优惠、旅游景点门票优惠、医疗保险及费用补贴等权益；但在参与学校治理、享受公平升学就业机会、获得社会公正待遇等隐性权益方面，民办高校学生的权益保障形势依然比较严峻。

以参与学生管理权益的保障为例，访谈中，某民办高校辅导员

谈道："学校的重大决策很少会听取学生意见，只有在学生手册修订时，让学生提意见。学生会也很少收集学生的意见建议，学生会主要充当学院学生管理的助手，一般在辅导员老师的领导下，协助进行学生管理！管理的内容也主要是纪律方面。"相比较而言，公办高校学生代表大会在保障学生参与管理等权益方面发挥了重要作用，学生代表大会形成了很多建设性提案，将学生最关心的问题以意见、建议等形式反馈，校领导和学生管理部门往往会认真严肃对待学生诉求，第一时间解决学生难处。对某公办高校辅导员的访谈得知，虽然有的学生不是很关注自己在参与管理方面的权益，但学校是有学生参与管理渠道的，比如校长助手都是学生在做，每年都会有一批校长助手，还有校长书记信箱，学生有意见、建议，可以直接给校长或书记写信，校长助手会定期处理，对于学生集中反映的问题，会反馈给相关部门，校领导也都会过目这些问题，如果是学生反应比较强烈的问题，校领导会直接负责，解决学生的问题。对比而言，民办高校在保障学生隐性权益方面还有很长的路要走。

（二）当前权益得到基本保障，长远权益的关注度有待提高

调查发现，多数民办高校主要关注学生就读期间的学习生活需求，较为重视学生在校期间的学习、财产、健康等权益，尽力提供安全、舒适、丰富的校园环境；但不少民办高校在育人目标、育人路径方面还存在模糊认知，没有切实回答好培养什么人、怎样培养人、为谁培养人这个核心课题，没有切实将立德树人当作一项重大政治责任，对学生的就业、创业、升学等权益重视度有待提升。

例如，为了减少所谓的"出事率"，保证学生身心健康与安全，不少民办高校制定并执行严格的学生管理制度，有的民办高校实施半封闭式的学生管理模式，开展较为细致的量化考核办法，形成了具体化、可操作的德育考核细则，对"抽烟、喝酒、夜不归宿等不良行为进行严格记录考核，每个学生每个学期德育考核分数，最高100分，如果学生的德育分数到了60分以下，就要给予严重警告，分数特别低的，就要留校察看"。再如，有的民办高校对学生的实习实践重视度有待提高，有的民办高校的学生实习存在形式化倾向，有教师谈道："我们学校的实习实践机会有点走形式，一般都是学生毕业前一个学期，学校会帮忙联系一些实习单位，学生自己也会找一些实习公司，比如我所在的学院学生主要是去船厂实习，今年一共去了两个周，从学生反馈的结果来看，效果不是很好，但学校还要给实习单位支付费用。"

（三）基础性权益保障水平较高，发展性权益保障水平不一

值得肯定的是，多数民办高校建立了较为完善的教育教学制度，对学籍管理、奖励资助、收费退费、证书发放等工作进行规范，民办高校也基本能遵照制度，坚持以学生为中心，有序开展日常教育教学活动，维护好学生的基础性权益。访谈得知，民办高校在做实做细学生日常管理方面，迈出了坚实步伐，有力地保障了学生的基本权益。有学生提到："我觉得我们学校在保障学生的知情权、参与权和表达权方面做得还不错，比如说像宿管会负责查宿舍，学生资助中心也有专门的人管理，团委管学生的各个方面的事。我觉得在知情权这一方面，我们学校有学工系统，还有办公系统，学校有什

么重大通知都会公布在上面，我们学生想看随时可以看到，我觉得消息还是挺灵通的，而且如果有什么通知的话，辅导员也会及时下发到我们的班级群里面，我们的知情权还是可以保障的，学校有什么事情都会知道。"

但进一步的访谈发现，与同级同类公办高校相比，民办高校学生在获得公平待遇、参与学校治理、充分享有学习自由等发展性权益的保障方面，仍有一定差距。例如，有的民办高校可能出于方便管理的考虑，一定程度上忽视了学生自由自主学习的诉求，不利于学生自主学习权益的有效保障。有学生提出："我们学校麻雀虽小，五脏俱全，该有的还是都有，但像图书馆开放时间这些和公办高等院校可能区别还是有那么一点。""学校图书馆给我的感觉是，那些书大约都是十年前出版的，一些专业的书没有及时更新，需要从网上买。"相比之下，公办高校的图书馆藏书量较大，学生学习的灵活度相对较高，学生自由学习的空间相对较大。

再如，根据《普通高等学校学生管理规定》，学校应当成立学生申诉处理委员会，负责受理学生对处理或者处分决定不服提起的申诉。❶调研发现，多数公办高校都设立了学生申诉委员会或相关机构，制定了学生申诉的具体办学或细则，例如某公办高校工作人员谈到："从我入职，一直都有学生申诉机构，设在学校办公室，主要负责处理学生处分的，各院系如果要处理学生的话，填处分通知单，一层一层上报，将证据材料、谈话等，报到学生处，学生处处理完了，没有问题后，发校长办公会，审议通过之后再下发给学生，学

---

❶ 普通高等学校学生管理规定［EB/OL］.（2017－02－04）［2024－10－13］. 教育部网站，http://www. moe. gov. cn/jyb＿xxgk/xxgk/zhengce/guizhang/202112/t20211206＿585064. html.

生如果有处分有异议，可以在几个工作日内向学校提出申诉。"但访谈发现，民办高校很少专门设立学生申诉处理委员会，更没有明确告知学生享有的申诉权及具体的维权方法，学生权益的申诉和救济渠道尚不完善。

二、保障对象特征鲜明，群际保障水平存在差异

与同级同类公办高校相比，民办高校学生有着鲜明的群体特征，突出表现为学习的内生动力相对不足，不少学生尚未养成良好的学习习惯，学业基础普遍不高，有的民办高校学生心理压力相对较大。同时，民办高校学生之间也存在较大的个体差异，包括人口属性特征、知识能力水平、价值观、家庭社会经济地位等。这些民办高校学生群体的共性和个性特征，很大程度上影响了学生的权益保障水平，让民办高校学生权益保障呈现显著的群际差异。

（一）人口统计学特征影响学生权益保障水平及满意度

人口统计学特征对服务体验的评价有较大影响。调研发现，民办高校男生的权益保障水平显著高于女生，独生子女学生的权益保障水平明显高于非独生子女学生，本科生的权益保障水平高于专科学生，第一志愿学生的权益保障水平明显高于非第一志愿或调剂学生，大三学生的权益保障明显高于其他年级学生。❶ 表明民办高校学生本身的个体差异会深刻影响其权益保障水平的高低。个体的人口属性差异会给民办高校学生带来不同的心理体验和行为方式，也让

---

❶ 闫丽雯. 民办高校学生权益保障研究 ［M］. 武汉：湖北教育出版社，2023.

不同社会背景学生感受到不同层次、不同方面的民办高等教育服务，这难免会影响学生的权益保障实现度，进而影响学生的权益保障满意度。

（二）课外活动经历丰富程度影响学生权益保障水平

调研发现，是否具有学生干部经历、是否具有创业经历、是否具有兼职经历是影响民办高校学生权益保障水平的重要因素。首先，担任学生干部学生的权益保障水平明显高于非学生干部学生，访谈也发现担任学生干部的学生更积极参与学校各类活动，参与学校管理的积极性更高，维护自身权益的意识更强。其次，具有创业经历学生的权益保障水平高于无创业经历的学生，这主要是因为有创业经历的学生更能享受学校、政府、社会提供的创业资源和支持，较为认同学校、社会在创业方面所做的工作。❶ 调研发现，高水平民办高校高度重视学生的就业创业问题，有的民办高校将创新创业参与度纳入教师和学生日常考核中，进行规范的量化管理。有学生提到："我们是有一个学生制度的创新创业学分，你要是不打比赛、不修课题，是毕不了业的，我想学校这样做也是为了促进就业，然后创新创业还和辅导老师的考核挂钩。""比如说你创业，如果做得好的话，我们学校支持我们休学，让我们先去创业。如果你打比赛或者参加一些级别高的比赛，比如省级层面或国赛的话，学校可以抵学分。我拿一个省级比赛就可以抵两个学分，并且我们的学分是可以互换的，如果学分达到一定量的话，可以不用修选修课。这样做对我们学生发展是挺好的。"最后，有兼职经历学生的权益保障水平高于无

---

❶ 闫丽雯. 民办高校学生权益保障研究［M］. 武汉：湖北教育出版社，2023.

兼职经历的学生。虽然与同级同类公办高校相比，民办高校的勤工俭学岗位不多，但勤工助学、助教、助管等岗位很大程度上发挥了济困、助学和育人的作用，减轻了学生尤其是家庭经济困难学生的学习生活负担。有学生提到："学校事务大厅、档案室什么的，都会招一些勤工俭学的学生，我觉得也是给我们提供了一些机会，大家觉得很好""我们学校还有一个专门的勤工俭学的社团。实际上我们一般都去那个部门参加勤工助学，社团会安排我们去学校的餐厅或邮局做兼职。"

（三）不同经济条件学生权益保障水平存在显著差异

与公办高校相比，民办高校学生的学费相对较高，这无疑是一笔不小的家庭开支。一般而言，民办高校学费为 1.5 万元/年～2.5 万元/年，多数民办高校学费在 2 万元/年以下，收费较高的民办本科院校学费可能会为 2 万元/年～3.5 万元/年，一般不超过 3 万元/年，且普通民办高校的学费有持续上涨趋势。❶ 访谈发现，与同级同类公办高校相比，民办高校学生申请助学贷款的比例普遍较高，某民办高校二级学院的助学贷款申请率达 40%。可见，民办高校学生普遍面临不小的经济压力。本研究发现，高达 80% 的样本学生来自乡镇和农村地区，65.9% 的样本学生父母最高学历为初中及以下，表明民办高校学生家庭经济方面不具有优势，甚至处于"弱势"地位。

调查发现，不同家庭所在地学生权益保障水平存在显著差异，城市与农村学生权益保障水平存在显著差异，城市学生的权益保障

---

❶ 民办本科学费一年大概多少钱？民办大学学费一览表［EB/OL］. (2024 - 04 - 07)［2024 - 12 - 10］. 精英考试网, http：//www. jdxzz. com/rdzx/2022/1219/9825037. html.

水平最高，乡镇学生的权益保障水平最低。一般而言，具有较强经济能力的学生，更容易获得优质的教育资源和更优越的学习条件，权益维护意识更强，权益救济方式更加主动，更容易保障自身的合法权益；而经济困难的学生则可能面临学费负担重、生活压力大、未来发展规划模糊等问题，其权益保障形势比较严峻。此外，地区经济社会发展水平是民办高校学生权益保障的重要影响因素，经济发展水平越高的地区，其民办高等教育的整体发展水平越高，民办高校办学行为的规范化水平越高，学生合法权益越可能得到有效保障。

三、保障主体权责明晰，各方共识有待增强

与公办高等教育不同，民办高等教育是由国家机构以外的社会组织或者个人利用非国家财政性经费举办的，其成本分担包括出资人出资、社会与政府出资和学生个人出资三部分。因此，政府、社会等主体在享受民办高等服务的同时，理应主动分担民办高等教育服务成本。

（一）学生权益保障主体的权责日渐明晰

随着民办高等教育法规政策的不断完善，政府、民办高校、社会组织等在保障民办高校学生权益方面的职责权责日渐明晰，国家、民办高校、社会共同承担起了保护民办高校学生权益的责任，形成了社会共同关心爱护民办高校学生的良好氛围。

其一，政府是民办高校学生权益保障的第一负责人。教育部明确提出要清理并纠正对民办学校的歧视政策，落实民办学校招生、

办学等自主权，切实保障民办学校学生的权益。从实践中看，多数地区的教育行政部门主动发挥好统筹规划、总体布局、依法监管等职责，将学生权益保障作为民办高等教育管理的重要部分，并将其作为民办高校年度检查的主要评价点，有的地区明确将高校侵犯学生权益的行为作为考核红线，督促民办高校守住学生权益的底线。

其二，民办高校是学生权益保障的主要利益相关人。作为学生权益保障工作的主要负责人，很多民办高校主动建立健全内部管理制度，加强党团组织建设，充实学校辅导员、党务干部、思政教师等队伍，加强对学生日常工作的管理，提高思想政治教育的针对性，建立了较为规范的学生权益保障制度，很好地保障了民办高校学生的合法权益。

其三，社会组织等机构或个人在保障民办高校学生权益方面的作用日益凸显。补齐民办高等教育的质量短板，推动构建高质量的教育体系，助力教育强国建设，满足学生群体多样化的受教育需求，不能单纯依靠政府等行政力量，也不能过度依赖市场机制的自发调节，需要社会用人单位、民间协会等利益相关者积极参与到学生权益的保障中来，明确自身职责，发挥主体责任，尊重学生需求，自觉为保障民办高校学生权益作出积极贡献。值得肯定的是，通过新闻宣传、舆论引导、政策支持等方式，媒体、企业、其他社会组织等在维护民办高校学生权益方面发挥着越来越积极的作用，给予了民办高校越来越大的支持。

（二）部分民办高校不鼓励学生维权

一般来说，民办高校学生应当充分享有知情权、选择权、安全权、隐私权、申诉权、公正评价权、教育资源利用权、收益权等权益，学生在接受高等教育过程中既能充分地了解学校重大事件、教育教学质量、学费标准等信息，也能安全健康充实地完成学业；当自身的合理合法诉求没有得到满足时，学校能提供便捷、有效的反馈渠道，及时解决学生的需求。

调研发现，民办高校学生自身的权利意识比较薄弱，对自身享有的权利认识模糊，不了解自身应当享受哪些权益，当学生权益受到侵害时，学生自身甚至没有察觉。更需注意的是，民办高校管理者普遍不鼓励学生主动表达利益诉求，认为学生表达诉求是对学校教育教学秩序的挑战。当学生的权益受损时，他们常见的救济方式主要是投诉和申诉、媒体曝光、社会组织援助，权益救济渠道单一。访谈中某高校辅导员谈到学生表达意见和建议可能会干扰学校教育教学活动秩序，不利于学校办学声誉的维护，因此有些民办高校对学生权益申诉不够重视，不积极主动宣传学生权益维护渠道，也没有主动创新学生权益表达的方式，这使民办高校学生陷入被动状态，不利于学生合法权益的有力保障。

以创业权益为例，民办高校学生理应获得与同级同类公办高校学生同等的创新创业平台、资金、专业指导、社会支持等权益，不少民办高校学生也有较强的创业意愿与激情，但因民办高校学生获得的资金支持相对不足、专业化创业课程与培训成效不足等因素，民办高校学生的创业意愿未得到有效尊重，创新精神没有得到有效保护，有的学生甚至遭受严重的创业歧视，导致民办高校学生创业的积极性不强、创业的持续性不强、成果转化程度不高，其合法权益受到一定程度损害。再如，有的民办高校对学生医疗服务的重视程度和经费投入度不够，校级医疗服务水平不高，较难满足学生的基本性、应急性就医诉求，学生的校内就医权益得不到有效保障，不少学生尤其是家庭经济困难学生的就医负担较大。

（三）社会对民办高校学生存有偏见

值得注意的是，就读于民办高校的家庭经济条件较差的学生，在高昂的学费压力下，可能面临很大的心理压力，更易产生自卑、焦虑、逆反等不良心理，这些学生需要更多的社会关爱与支持。但调查发现，无论是在社会平等地位的承认，还是身心健康的有效维护方面，民办高校学生都不同程度地面临着社会的不公正待遇。部分民办高校学生不仅面临着户籍、家庭社会经济背景等带来的不公平待遇，而且较难获得及时有效的物质支持和精神支持，这在一定程度上强化了其对社会不公正待遇的负面情绪，使有些民办高校学生对个人和社会发展的认可不强、信心相对不足，民办高校学生权益得不到有效保护，学生权益救济机制亦有待健全。

访谈中，不少学生提出希望得到公平公正待遇的强烈诉求。"我们学校提供的就业实习还是比较多的，可能就业机会稍微多一点，可能国家认为公办民办学生都一样，但是有些企业确实是有一点偏见的。"实际上，国家已通过制定、颁布、修改民办教育法规政策等举措，明确了民办高校学生同等权益的内涵、民办高校学生权益可能面临的侵害形式及权益救济的方法等内容，为民办高校学生合法权益的保障提供了法律依据。社会用人单位等主体应当及时破除对民办高校及学生的固有偏见，主动为民办高校学生的升学、就业、创业等营造公平公正的社会环境。

四、保障成效显著，同等水平有待提升

从绝对意义上看，我国民办高校学生权益保障工作取得了显著

成效，学生对自身权益的满意度和感知度达到中等水平；但从相对意义上看，我国民办高校学生权益保障情况并不乐观，与同级同类公办高校相比，民办高校学生权益保障的同等性相对不高。

（一）学生对权益保障情况基本满意

总体看来，民办高校学生对自身权益保障的满意度达到中等水平。调查发现，民办高校学生权益的总体满意度均值为3.33，与权益保障感知度水平（3.36）相当，说明民办高校学生权益保障工作基本达到学生预期。一般认为，满意度取决于主体对服务质量的期待与实际感知到的服务质量的对比。客观存在的差异导致主体感知差异，进而产生不同的满意水平。满意度高，说明主体的期望得到了满足，或者超过了主体预期；满意度低，说明主体期望并未得到充分满足。民办高校学生权益保障满意度水平越高，表明民办高校学生的需求越能得到满足。同时，不同类型权益的保障满意度存在显著差异。从权益保障满意度的横向对比来看，身心健康发展权益的满意度水平最高，学业就业权益保障的满意度水平相对较高，奖励资助权益和参与管理权益保障的满意度相对较低（见表4-3）。这表明民办高校学生身心健康发展方面的利益得到了较好保障，但学生在获得奖励资助、参与学校管理等方面需求尚未得到有效满足，与学生的实际需求存在一定落差。

（二）学生基本认同权益的保障情况

从感知度水平来看，民办高校学生的学业、就业、身心健康发展权益的感知度水平相对较高，且学业就业权益的满意度水平低于感知度水平，参与管理权益和奖励资助权益的感知度相对较低（见

表4－3）。表明民办高校学生认为自身学业、就业、身心发展方面的权益得到较好保障，民办高校提供的教育教学服务一定程度上超过了学生的心理预期，这可能受民办高校学生学业就业预期相对不高的直接影响，也体现出近年来民办高校在立德树人方面取得的成绩。当然，民办高校学生权益保障的总体形势依然较为严峻，学生对参与学校内部治理、公平公正获得奖励资助等方面的认同度尚有一定的提升空间，需要民办高校引起高度关注，既要着力提高显性权益的保障水平，又不能忽视隐性权益的保障情况，全面提高学生的获得感。

（三）学生权益保障的同等性水平有待提高

调查发现，有55.6%的教师认为民办高校学生能享有与同级同类公办高校学生同等的权益，44.4%的教师认为民办高校学生无法享有与同级同类公办高校学生同等的权益（见图4－2）。表明民办高校学生权益保障的同等性水平不高，同等权益保障形势仍比较严峻，民办高校学生在奖励资助、学业就业、参与管理、福利优待等方面仍较难获得公正待遇，民办高校学生的机会公平、过程公平和结果公平获得感尚有较大提升空间。

由此可见，保障民办高校学生依法获得与同级同类公办高校学生同等的权益，依然任重道远，需要凝聚起教育行政部门、社会用人单位、新闻媒体等利益相关主体的广泛共识，扎实做好民办高校学生日常生活学习、升学、就业、创业等各项工作，不断提升民办高校学生权益保障的同等度水平。

第五章　民办高校学生权益保障同等性动因分析

　　民办高校学生权益保障同等性问题涉及各级政府、民办高校、社会用人单位、公办高校等多个主体，既与民办教育法规制度不够健全、社会用人单位观念歧视等外在因素有关，也受制于民办高校发展水平、民办高校治理体系和治理能力现代化水平、民办高校的公益办学导向、学生维权能力等内部因素。归纳而言，法规政策的供给度、内部治理科学化水平和社会环境友好度是影响民办高校学生权益保障同等性水平的关键动因。

第一节　影响民办高校学生权益保障同等性的法规政策动因

　　"存在诉诸法律的可能性，才有在实际上受到尊重的极大可能性。"[1] 法规政策在保障民办高校学生权益中发挥着关键作用，它不

---

[1]　马克斯·韦伯. 经济、社会诸领域及权力 [M]. 李强，译. 北京：生活·读书·新知三联书店，1998：6.

仅为学校依法治校提供了根本遵循，明确了民办高校学生权益保障的范围与界限，而且构建起学生权益保障的法律屏障，为学生提供基本的法律服务与援助，确保学生在公平、公正、安全的环境中成长成才。但政策目标的实现受到政策本身的可行性、政策执行主体的政策执行力、目标群体的政策认同度、社会公众的支持度等多种因素的影响。具体来看，民办教育政策的有效供给程度和外部监督力度是影响民办高校学生权益保障同等性程度的两大关键因素。

一、政策的有效供给相对不足

（一）政策内容的系统性有待增强

多元的政策联动是保障民办教育政策有效落实的重要外部条件，也是减少政策执行偏差行为的有效策略。当前，我国民办教育政策的系统性不足，多元联动机制尚未形成。

一方面，国家层面的规范化、指导性政策较多，地方层面的精细化差异化政策相对较少。以民办教育支持政策为例，我国民办教育经费主要依靠学生的学费，财政支持所占的比重很低，而我国现行的财政支持政策主要是购买教育服务的专项资金和奖励支持，地方层面的政策体系相对不足，较难形成自上而下的支持性政策体系。

另一方面，民办教育政策多受外部力量影响，内源性的制定变革动力相对不足。例如，分类管理虽然是我国民办教育的重大制度设计，但从"不得以营利为目的"到允许取得"合理回报"再到"分类管理"的制度变迁动力，不完全是民办教育发展到一定阶段的自然产物，而主要是受到外部行政力量和立法手段的影响。这难免给民办学校举办者带来选择困难，比如，分类管理政策颁布初期，大多数民办学校的举办者选择举办非营利性民办学校，以便更好地享受非营利性民办学校的优惠政策，但他们并不会在短期内完全放弃获得经济回报的办学动机。据调查，分类管理的期限已过，但从分类管理的总体实施情况来看，按期完成分类登记的省份不多，很多高校仍处于观望状态，有的本来想登记为非营利性民办高校，最后选择登记为营利性民办高校。不难发现，新时期民办教育政策主要受外部力量的影响，自主自发制定相关政策的动力相对不足。

（二）政策的可操作性有待提高

政策的可操作性是实现政策预期目标的关键，也是政策成效评估的基础，政策的可操作性要求政策具有明确的目标和实现方式，执行者能清楚知道政策本身的含义和通过何种方式达成政策目标，也能清楚明确政策执行的主体责任和奖惩举措。

通过对民办高校学生权益相关法律法规的分析，发现相关政策内容的模糊性较高，权利相关内容不够具体，缺乏可操作的条款，自由裁量的权限相对较大。例如，虽然法规政策对民办高校学生权益保障进行了总体规定，但有的规定可操作性不强，对于民办高校退出时如何妥善安置学生、如何采取有力措施切实保障学生权益、相关行政部门保障民办高校学生权益方面的权利等问题，尚未给出明确具体的规定，导致民办高校权益保障的操作环节遇到困难。尤其是在分类管理背景下，民办高校的退出机制尚不健全，当民办高校尤其是营利性民办高校退出时，学生无疑是最受影响和冲击的群体，且这种影响是不可逆的，学生可能面临无学可上、经费损失等困境。总之，对学生权益保障的笼统规定极易导致两种不利影响，一是民办高校、家长及学生等主体在维护学生权益时缺乏明确的法律依据，无法采用行之有效的救济措施，难以及时有效捍卫合法权益，可能给民办高校学生身心健康发展埋下巨大隐患。二是增加政策执行人员的执行难度，致使政策难以落地，由于相关政策的模糊性，政策执行人员可能会因此采取规避或逃避的态度，难以真正执行相关规定，比如有的部门可能从自身、本部门、本地区利益出发，选择性地执行民办教育政策，仅执行对自身有利的政策，对自己不利的政策置之不理，甚至采取"上有政策下有对策"的应对方式。

（三）政策执行力度存在差异

任何教育政策的推行，都需要经费、人员、信息等资源投入，资源的多寡、优先级、持续性等都是影响教育政策执行的重要因素。一项政策如果需要高额的经费投入、充分的人员支持、丰富的信息资源，那它极可能因成本过高，不适应政策执行部门及人员的承受力，从而影响政策的执行成效；换言之，如果一个地区在教育经费投入、执行机构专业化水平、信息资源畅通度等方面明显优于其他地区，那这个地区的政策支持资源就比较丰富，也会更好地提高政策执行成效。不难看出，教育政策支持资源存在一定的区位差异，必然也存在校际差异。

虽然国家和地方政府出台了一系列支持民办教育发展的优惠政策，但由于政策资源分布的地区不均衡性，有的民办高校可能无法享受到法律规定的基本权益。例如，土地征用、基建手续、财力资助、税费免征等方面的优惠政策可能因种种原因难以及时落实，可能导致民办高校在办学过程中面临资金短缺、基础设施更新缓慢等

督学管理处和评估监测处，没有民办教育的专门督导机构，各地方人民政府教育督导室以及教育督导学会、协会等部门，对民办教育督导机构的设置也不明确。民办教育监督机制的缺失，导致各地对新法新政执行的监督检查力度不够，新法新政的推进主要依靠执行机构和人员的自觉行为，在各地公开的资料中，少见明确的执行计划或时间表，这不利于民办高校办学失范行为的及时纠正，更可能影响对民办高校违法违规行为的相应处罚。以民办高校的动态监管措施为例，自 2020 年开始，国家对本科高校教学工作采取合格评估和整改情况督导复查的做法，对规范民办高校的办学行为起到了一定的警示作用。但是一些动态监测手段，如年检、换发许可证以及民办高校日常办学中存在的师生权益受损、投诉渠道不畅以及举办者违规招生、抽逃资金、关联交易等问题，仍未引起国家和有关部门的足够重视。

（三）民办高校审计工作还有待增强

民办高校的内部审计应采取"审计"加"督察"的模式，但当前我国民办高校的内部审计仍以传统的财务审计为主，关于民办高校运营和管理的监督检查相对不多。例如，2016 年，长沙市率先在全国开展民办学校财务专项审计，从长沙市政府采购监督管理局指定的会计、审计中介机构库中遴选若干家，将其组成审计组，对 5 所市管民办高职院校进行了财务审计；此后，长沙市根据年度工作重点和市内民办学校运行情况，每年确定部分学校作为审计对象，对其开展审计监督，重点关注民办学校法人治理、制度建设、诚信服务、招生收费、资金收支和借款贷款等方面的情况。2022 年，针对个别民办学校因购置土地自建校舍等原因而导致负债率较高的情况，长沙市教育局立即采取干预措施，指导学校通过增加办学投入、积极偿还借款、结转相关收入等途径，化解债务风险问题。❶

关于民办教育的专项审计检查相对较少，且尚未结合最新的风险评估和数据分析等技术，可能会在一定程度上影响民办高校的办学失范行为的发现，无法及时发现和防止民办学校中的经济犯罪和违规行为，这些都是民办高校学生权益保障的重要风险点。

第二节　影响民办高校学生权益保障同等性的内部治理动因

《中共中央关于进一步全面深化改革、推进中国式现代化的决定》强调，"坚持以人民为中心，尊重人民主体地位和首创精神，人民有所呼、改革有所应，做到改革为了人民、改革依靠人民、改革成果由人民共享"❷。教育综合改革要高度关注和重视人民利益，发展和保障好人民群众的根本利益，民办高等教育亦然。面对民办高校学生权益保障不力的现状，民办高校自身能否坚持以学生为中心，将学生最关注的利益问题放在首位，持续提高校内治理的科学化水平，直接关乎学生权益的保障程度。虽然一些高水平民办高校已经走过初创期，正向中兴期过渡，但在一定程度上，我国民办高校尚

---

❶ 张春晗. 运用审计监督，助推民办学校规范发展：以长沙市为例 [J]. 湖南教育（D 版），2024（05）：56 - 57.

❷ 党的二十届三中全会审议通过《中共中央关于进一步全面深化改革、推进中国式现代化的决定》[EB/OL]. （2024 - 07 - 18）[2024 - 10 - 10]. 新华社，https://www.ccdi.gov.cn/toutun/202407/t20240718_362660.html.

处于初级发展阶段，这成为影响学生权益保障情况的首要因素；此外，需要关注民办高校内部治理科学化问题，内部治理机制不健全是影响权益保障同等性的重要因素。

一、民办高校处于初级发展阶段

（一）民办高校办学经费高度依赖学费

有研究表明，民办高校的办学资金来源较为单一，投资回报动机较为强烈，主要依赖学费收入，学费占民办高校学校总收入的85%以上[1]。本研究发现，79.1%的教师认为"高校办学资金的充裕度"是影响学生权益保障不足的主要因素。此外，我国民办高校普遍面临较为严重的融资困难，经费不足可能会导致民办高校教育教学设备简陋、更新不及时，师资队伍流动性强、教师队伍不稳定等现象，这难免会影响学生权益保障水平，学生难以获得主体性地位。我国民办高校并非严格意义上的非营利组织，社会资本的投资回报动机较为普遍，民办教育事业的公益性仍待激发，在以市场为导向的民办教育运行机制下，"物竞天择，适者生存"仍是很多民办高校生存发展的铁律，为此，很多民办高校不断创新融资方式，努力拓宽资金来源。但与公办高校相比，我国民办高校的办学资源相对不足，面临多方面的可持续发展风险，例如，单一的学费依赖模式让民办高校陷入被动的发展状态，生源减少会直接导致学费收入下降，进而影响民办高校的正常教育教学活动，使民办高校面临财务运作、

[1] 王春秀. 引导规范民办教育发展 提升办学质量 [EB/OL]. （2023-03-12）[2024-09-08]. https：//bbs. dezhifl. com/thread-1076706-1-1. html.

教育教学乃至债务危机风险，这些风险如果得不到有效应对，将对学生合法权益产生直接冲击，给学生权益的有力保障带来不少挑战。

（二）部分民办高校营利导向过于明显

民办高校能否平衡好营利性和公益性的关系，攸关学生权益的保障程度。调研发现，很多民办高校的举办者和管理者具有强烈的经济收益诉求，他们的办学行为主要受经济回报驱动，追求经济利润的最大化和办学成本的最低化，办学目标的功利化色彩较为明显，办学的公益性不足。民办高校学生作为民办高校中的"弱势"群体，难免会成为学校逐利行为的牺牲品，他们往往是风险的直接受害者与承担者，自身合法权益得不到有效保护。民办高校在合格评估中存在的共性问题是对人才培养和教师队伍建设的软件投入经费不足。[1] 这反映出民办高校决策与管理中的营利思维，他们比较重视办学成本的节约和经费投入的经济效益，对学生德智体美劳全面发展等社会效益关注不足。因此，如何平衡好营利性和公益性在民办高校办学中的矛盾，防范过度营利对学生身心健康发展的侵害，成为新时代民办高校学生权益保障的重要课题。

（三）不少民办高校处于外延式发展阶段

近年来，我国民办高校与社会资本紧密融合、与市场机制有机衔接、与公办教育互为补充，走出了一条中国特色的民办高等教育发展道路。与同级同类公办高校相比，我国民办高校的综合实力相对不强，多数民办高校尚处于外延式发展阶段，注重学校规模扩张、

---

[1] 王春秀. 引导规范民办教育发展 提升办学质量 [EB/OL]. （2023 – 03 – 12）[2024 – 09 – 08]. https：//bbs. dezhifl. com/thread – 1076706 – 1 – 1. html.

层次升级和空间扩展，一些民办高校的战略定位仍是办学规模扩张和层次升级，对教育教学质量提升、学生就读满意度等内涵式问题关注不够，我国民办高等教育的发展经验尚不丰富、发展水平尚不均衡不充分，突出表现为办学规模不断扩大、办学层次日趋多样、招生人数逐年增多、教师流动性加快等，这些不仅影响学校的生源质量和数量，而且会不利于学生权益的有效保障。

二、内部治理机制有待优化

民办高校的内部治理机制不够健全成为当前影响民办高校学生权益保障同等性的主要因素。相较于公办高校，我国民办高校具有较大的办学自主权，但过度的办学自主权可能会影响民办高校办学行为的合规性，有的民办高校管理者依法治校理念淡薄，学校内部治理结构不完善，导致学校决策过程的公开性和民主性不足，民办高校学生权益得不到有效保障。

（一）党组织的决策与监督作用有待充分发挥

当前党的领导成为体现民办高校内部治理科学化水平的根本问题。随着党对民办教育的领导不断加强，民办学校的党组织建设取得突破性进展，党组织在引导民办学校坚持正确政治方向、培育和践行社会主义核心价值观、维护学校安全稳定等方面发挥了重要作用。2020年7月，中央组织部、教育部等五部门联合印发了《民办学校党建工作重点任务》，该文件成为新形势下民办高校加强党建工作的行动指南，它明确要求将推动党的建设有关内容写入民办学校章程，进一步加强对民办学校党的建设工作的指导与督导。2021年，

《中华人民共和国民办教育促进法实施条例》明确了党组织依法依规参与民办学校决策的必要性与紧迫性,对党组织代表参与学校决策和监督的方式、程序进行明确规定,要求民办学校"应当坚持中国共产党的领导,坚持社会主义办学方向,民办学校中的中国共产党基层组织贯彻党的方针政策,依照法律、行政法规和国家有关规定参与学校重大决策并实施监督;民办学校决策机构组成人员应当有党组织负责人,监督机构组成人员应当有党的基层组织代表,学校的章程应当规定学校党组织负责人进入学校决策机构和监督机构的程序"。这些政策举措取得了多方面的成效,但从民办高校内部监督的实践成效来看,党组织对民办高校办学行为的监督作用还有待充分发挥,党组织的监督多以思想政治为主要内容,在学校的重大决策、核心事务等方面的话语权有限,甚至被排除在决策层之外,难以有效发挥监督与约束作用。

(二)　内部决策与监督机制有待进一步完善

不同于公办高校的党委领导下的校长负责制,我国民办高校实行董事会领导下的校长负责制,这种内部决策机制为民办高校的健康发展提供了坚实保证,但也涌现出不少现实问题,举办者控制董事会、董事会运行不规范、校长权力失真等现象较为普遍,师生参与重大决策的机会很少。《中华人民共和国民办教育促进法》明确规定,"学校董事会由举办者或者其代表、校长、教职工代表等人员组成"。但这一规定未明确提出各方代表的比例要求,导致不少举办者在民办高校董事会中处于控制甚至垄断话语权的地位,教职工、学生及家长等利益相关者代表无法进入学校决策层。有调查研究发现,93.6%的被访者表示营利性民办高校存在董事会结构不完善、家族化管理趋势显著、师生参与度不高等问题。以三江学院的董事会建设为例，该校实行理事会领导下的校长负责制，由于学校创设初期举办者的法律意识不强，形成了由一批对创校有贡献的老同志为主的理事会，这样的理事会结构基本上是固化的。作为江苏省改革试点单位，2019 年 6 月，该校完成了新一届理事会的换届工作，明确学校法人资产结构由单一的社会公益性资产，变成由"社会公益性资产 + 国有资产"两部分组成，学校的内部治理结构得以优化。❶

此外，民办高校董事会缺乏有效的监督机制，监事会的内部监督作用有待充分发挥。一项关于"营利性民办高校是否设立了监事会等监督机构"的调查显示，74.8%的被访者不了解学校是否设立了专门的监督机构，只有 10.7%的被访者了解学校设立了监督机构，❷ 这表明民办高校尤其是营利性民办高校的监督机构建设情况不容乐观，部分民办高校虽然设立了相关的监督机构，但不少监事会沦为了董事会的附属或学校摆设，很多民办高校监事会的职能定位不明确，权责关系不清晰，无法独立自主地发挥作用，没有与决策机构形成相互独立、相互制衡的关系，难以对学校权力集中、学校权力滥用等行为进行有效约束。❸ 很多民办高校的监督主要靠举办者的个人自觉，不仅为民办高校内部治理科学化埋下隐患，也难以与决策力量形成权力制衡，这难免会忽视学生的某些利益诉求，不利于学生权益的有效保障。

---

❶ 李延保. 民办高校如何加强党的领导和建设：兼谈民办高校治理和大学文化建设 [J]. 河北师范大学学报（教育科学版），2024，26（02）：1 - 11.

❷ 王邦永. 营利性民办高校法人治理研究 [D]. 上海：华东师范大学，2022：102.

❸ 李旋旗. 民办高校内部治理中的若干关系 [J]. 黄河科技学院学报，2022，24（03）：12 - 16.

（三）学生参与决策的正式渠道有待畅通

参与学校决策不仅是民办高校学生的基本权益之一，也是提高学校领导力的重要因素。有研究发现，提高学生的内部治理参与度，能激发大学生的主体意识、公民意识，增强社会责任感，还能有效改善师生关系提高学校的领导力水平。根据《高校学生代表大会工作规则》等相关文件，学生代表大会是学生会组织的最高权力机关，负责制定或修订学生会章程、监督章程实施、听取和审议上一届学生会工作报告等，学生代表大会还具有选举产生新一届学生会主席团成员、常设机构以及出席上一级学联学生会组织代表大会的代表等职权。

从具体的执行层面来看，许多民办高校已经建立了较为完善的学生代表大会制度。例如，广州南方学院的学生代表大会遵循《高校学生代表大会工作规则》，在党委领导下，由主管学生工作的部门指导开展工作，实行民主集中制，并且每年召开一次校级和院系级的学生代表大会；武汉民政职业学院也按照相关规定每年召开一次校学生代表大会，代表名额按学生比例分配，确保覆盖各二级学院及主要学生社团。但调研发现，很多民办高校未能完全执行相关制度，有的学校管理者对学生诉求的重视度有待提高，民办高校学生参与内部治理的渠道有待优化，学生权益表达诉求得不到及时回应。例如，2019 年 12 月，广东省某民办高校因为食堂卫生问题引发了部分学生投诉，但是却被学校管理者以"损害学校形象"为由进行批评教育。实际上，仅有 50% 左右的学生选择用"制度化"的权益表达方式，不少民办高校学生采取"消极对抗"的权益表达方式。●

● 谢鑫磊. 民办高校学生利益表达问题及其改进策略研究：以某三所民办高校为例 [D]. 长春：吉林外国语大学，2023：39 – 41.

这表明民办高校学生可能会采取其他非正式方式释放自身情绪，如果缺乏及时有效的关注与引导，民办高校学生可能会降低对学校的归属感，对一些重大决策和事项采取冷漠回避、消极对抗、隐形破坏等方式。

第三节　影响民办高校学生权益保障同等性的社会环境动因

社会环境友好度是影响民办高校学生权益保障同等性的主要因素。虽然我国民办高等教育取得了不少成就，但社会对民办高等教育的认同度仍然不高，存在明显的认知偏见和误区。这种偏见可能导致社会对民办高校学生身心发展需要的重视程度不够，对民办高校学生权益保障的认可度不高，也可能让民办高校在保障学生权益方面缺乏足够的社会环境压力。实际上，民办教育的社会监督是一个多元化、多层次的体系，既包括媒体及公众的直接监督，也包括社会组织等第三方机构的专业监督，这些监督力量共同影响着民办高校学生权益保障同等性水平的高低。

一、社会公众可能存在认知误区

随着民办教育尤其是民办高等教育质量的不断提升，公众对民办高等教育的认知发生了较大转变，越来越多的公众不再简单将民办教育视为营利教育，越发认识到民办高等教育在提供多样化入学机会、满足多元化教育需求等方面的独特价值。社会公众对民办教育的看法比较多元，他们对民办教育的教育教学质量、办学规范性、就业率等仍有担忧。比如，有的家长担心民办高校的信息公开不完全，有的家长担心民办高校的教育教学行为缺乏有效监管，影响自身合法权益的保障。再如，由于民办高校的学费普遍比多数公办高校高，家长和学生需要承担更重的学费负担，因此会考虑教育投入和回报的比例，担心高额的学费支出和学习收获不成正比，无法带来理想的教育回报。这种对高等教育性价比的基本考虑，可能会影响社会公众对民办高校的评价。他们认为民办高校在教学质量、师资力量等方面不如公办高校，这些偏见也导致民办高校在招生、就业等方面受到不公平待遇。这种不公平待遇不仅损害了民办高校的办学声誉，也间接影响到了学生的权益保障。

二、社会舆情压力影响学校积极性

近年来，媒体宣传监督越来越受到政府等相关部门的重视，媒体通过广泛报道、广泛宣传等方式，能有效地促进社会公众的思想转化，引导公众行为倾向的变化，更能通过新闻曝光、专题报道等方式，监督违法违规、失序失德行为，营造知法懂法守法的良好社会氛围。例如，2021 年，中共中央办公厅、国务院办公厅印发《关于进一步减轻义务教育阶段学生作业负担和校外培训负担的意见》后，社会媒体第一时间对"双减"问题的政策和动向进行了关注，开展了很多采访和报道，为公众全面及时了解"双减"政策的目标、举措、影响等提供了重要参考，较好发挥了解读政策、引导舆论等作用。

同时，由于媒体讲求时效性，且善于捕捉热点话题，可能无法在短时间内全面把握某一特定民办教育政策出台的复杂背景，也无法对某一具体的民办教育问题进行持续深入关注，有的媒体报道可能出现以偏概全、捕风捉影、空穴来风等情况，从而导致公众对民办教育政策存在片面或浅层认知，忽视了民办教育政策背后的深层次需求，影响社会公众对民办教育政策的支持度，比如有的媒体将民办教育分类管理简化为限制民办教育发展等。总之，一些对民办教育的负面报道可能加剧社会的偏见，不利的舆论环境可能使民办高校面临更大的舆论压力，致使部分民办高校管理者在保障学生权益方面"畏手畏脚"，甚至采取"大事化小，小事化了"的消极应对措施，以最大限度地减少社会负面舆情对学校的不利影响。从长远来看，这不仅不利于学生合法权益的实现，还构成了学生权益保障的重要风险点。

三、社会组织的监督作用有待加强

随着民办教育事业的发展，全国和地方的民办教育社会组织也应运而生。目前，除中国民办教育协会高等教育分会外，各个省份也普遍成立了地方民办教育协会或民办高等教育协会，有些民办高校较多的城市也成立了相应的协会。❶ 作为监督民办高校办学行为的主要社会组织，这些组织通常由专家、学者、行业代表等组成，能通过制定评估标准、组织评估活动、发布评估报告等方式，全方位呈现民办学校的办学水平与质量，为政府和社会了解民办学校提供第三方参考，因此社会组织凭借其专业性、独立性、客观性，打破

---

❶ 钟秉林. 民办本科院校要拓展办学视野 聚力高质量发展：本轮学位授权审核工作的启示 [J]. 中国高教研究，2022（05）：1-7.

了对传统教育督导评估方式的路径依赖，拓宽了社会组织参与民办学校评价监督的路径。但总体而言，社会组织对民办教育的专门监督检查相对不多，有些机构只有受到政府委托，才能对民办学校的办学质量、管理水平、财务状况等进行评估。总之，民办教育的社会组织监督还有较长的路要走，这在一定程度上也会影响民办高校学生权益的保障情况。

第六章　民办高校学生权益保障
同等性的对策建议

　　本章将对标民办高校学生权益保障同等性研究的预期目标，总结回顾民办高校学生权益保障同等性内涵、主体、现状、路径及成效中需要厘清的关键问题，对民办高校学生权益保障做全方位判断。同时，针对当前民办高校学生权益保障同等性面临的现实困境及影响因素，提出保障学生权益同等性的对策建议。面向未来，随着制度环境、学校建设、社会氛围的不断优化，民办高校将更加重视办学公益性，不断提高立德树人成效，把满足学生合理诉求列入更加重要的议程，构建起学生权益保障的最强屏障。

第一节　民办高校学生权益
保障同等性研究的反思

　　本节着力反思以下几个核心问题：新时代，民办高校学生权益保障同等性的内涵是什么？学生权益保障同等性的主体有哪些，主体间权责关系是怎样的？民办高校学生权益保障的现状如何，这些现状是民办高校学生群体独有的，还是共有的？在采取学生权益保障措施时，如何在规范民办高校办学行为的同时，保护好民办高校的办学积极性？民办高校学生权益保障的成效是否一成不变？调研发现民办高校学生权益保障是一个结构性的慢变量，无法简单地区分实现或未实现，不是一劳永逸的短期行为，没有一成不变的解决办法，没有立竿见影的灵丹妙药，而是需要利益主体最大限度地凝聚共识，动态关注相关政策动向，不断探索、持续提升。

本节将依次从民办高校学生权益保障同等性的内容、主体、现状、路径和成效五个方面，反思现有研究在预期研究目标实现度、现实问题关照度、理论研究创新度、决策服务影响力等方面的贡献与不足，为后续研究的深入开展提供有益借鉴。

一、保障内容：认清单维和多维的关系

本研究采用的是定量研究和定性研究相结合的方法，在定量研究阶段，发现民办高校学生权益内容主要包括奖励资助、学业就业、身心健康发展和参与管理权益，但随着研究进程尤其是访谈工作的深入推进，发现学生权益保障的内容具有鲜明的多维性和复杂性。从民办高校学生同等权益保障的显示度角度看，民办高校学生的权益既包括奖励资助、教育教学资源获得、医疗服务等显性权益，也包含自主学习、就业创业机会、升学机会、参与学校管理等隐性权益；从同等权益保障的发生时间角度看，民办高校学生权益既包括学生接受高等教育过程中的当前权益，也包括高等教育过程结束后的长远权益；从同等权益保障的根本性和优先性角度看，民办高校学生的权益既包括人身安全权益、财产权益、隐私权益等基础性权

益，也包括公平对待权益、参与管理权益、申诉权益等发展性权益。这些不同的视角，构建起了民办高校学生权益保障内容的多维立体形象，更提示我们要充分认清民办高校学生权益本身的复杂性，采取精准化、动态化的应对举措。

二、保障主体：发挥好政府和市场作用

教育领域不同于纯资本驱动或纯政府驱动的领域，它是政府和市场共同参与的领域，这在民办教育领域体现得更为明显。例如，受新冠疫情影响，在线教育热度迅速升温，展现出市场在影响教育发展格局中的重要作用。2021 年，国家出台"双减"政策，资本出现大退潮，校外培训企业或退场，或转型，或剥离，体现出政府对教育资源配置的调控作用。当问及"民办高校学生权益由谁来保障？"时，不难发现"政府"和"市场"是两大核心力量，二者通过不同方式影响学生权益保障情况。

保障民办高校学生同等权益，需要政府明确自身权力的边界，这并不意味着政府要更多发挥作用，而是政府要更好发挥作用，把管理重心转到"宏观调控""统筹规划"上去，做到"有为有度"，凡是市场能配置的资源、解决的问题，政府就不要直接干预；但对于市场不能解决的问题，政府必须主动补位，管好市场管不了、管不好的事项，切实把该放的放到位，该管的管理好。回顾我国民办高等教育的发展历程，不难发现：让市场机制更加有效、激发各类主体活力，是提升民办高等教育办学质量的必要环节。处理好政府和市场的关系，既要加快转变政府职能，防止管得过死，也要发挥好市场机制的调节作用，划分出政府和市场的清晰边界；同时，也

要努力找准二者的最佳结合点，最大限度地发挥二者的优势，发挥两者的协同作用，努力形成政府与市场互补，协力共同保障民办高校学生合法权益。

三、保障现状：共性和个性的叠加结果

需要明确的是，民办高校学生权益保障不力并非民办高校独有的问题，公办高校学生在利益诉求表达的认知、路径、行动和制度等方面也面临着较大困境，例如，过于关注后勤服务保障、基础设施建设等显性权利，对于申诉听证、参与学校治理等更高层次的权益关注度不高；过于关注和追求个人层面的权利和利益，对于集体利益的关注相对不高。在权益表达方式方面，学生最愿意选择的表达方式是向辅导员或学生组织反映，78.32%的学生选择向辅导员反映，58.42%的学生选择向学生会或学生组织反映。在维护自身利益诉求方面，85.48%的同学会因为各种原因中断诉求表达行动，缺乏权益维护的主动性和判断力。❶ 再如，在教育部已核准的高校章程中，仅中国人民大学等少数高校将学生参与治理的权利写入章程，但并没有明确提出保障学生参与学校治理的具体举措。❷ 因此，民办高校学生的权益保障在某种程度上体现了整个高校学生权益保障的共性特征，同时，相比于公办高校学生，民办高校学生在公平充分获得教育资源、教育机会和教育服务方面的可及性不高，民办高校学生权益保障形势更为严峻。

---

❶ 王绍让. 新时代学生利益诉求表达机制的创新与完善：基于浙江省10所高校的调查研究 [J]. 浙江工业大学学报（社会科学版），2021，20（04）：457-462.
❷ 胡敏. 大学善治视野下学生利益诉求表达机制建构 [J]. 高教探索，2015（10）：15-19.

另外，在讨论民办高校学生权益保障问题时，要跳出学生权益看学生权益，要将学生权益置于民办高等教育及整个高等教育的宏观背景下，只有这样才能看清学生权益保障的主要利益相关者，看到影响学生权益保障不力的根源。研究发现，民办学校学生权益保障主要受制于民办高校初级发展阶段、民办高校内部治理结构不够优化、社会认可度不高等外部因素。保障民办高校学生同等权益，需要内外结合，既要解决制约学生权益保障的共性问题，又要着力破解影响学生权益的个性问题。

四、保障路径：规范办学与激发活力并举

值得注意的是，学界和业界对"引导规范民办教育发展"仍有误解，认为规范民办教育发展就是压制民办教育发展，规范民办学校办学行为就是不鼓励创新，跳不出"一管就死、一放就乱"的思维怪圈。事实上，规范民办高校办学行为是一种保障，针对的是违法违纪、过度逐利等行为。对于办学定位准、办学质量高、社会声誉高的民办高校，明确办学行为底线是给它们排除了不利干扰，让这些民办高校明确办学方向，全身心投入育人事业。因此，规范民办高校办学行为不仅是督促民办高校遵纪守法的"指示灯"，也是激励民办高校改革创新的"推进器"。从具体的办学实践看，高水平民办高校必然坚守规范办学的底线，在依法治校、以生为本方面走在前列，同时保持了自身体制机制灵活的天然优势，走出了一条特色化、差异化的办学道路；反之，低水平的民办高校可能在规范办学方面有所不足，更可能在发挥体制机制灵活性方面过度"随意"，无法对民办高校学生学业、就业等合法权益进行有力保障。因此，在

保障学生权益方面，民办高校既不能故步自封，也不能为所欲为，而应在坚守底线的基础上，用好自身灵活的体制机制优势，在育人方式、综合改革等方面开拓进取，切实保障民办高校学生合法权益。

五、保障成效：厘清绝对和相对的关系

民办高校学生权益保障水平是一个相对概念，深受公办高校学生权益保障、社会变革、政策调整等因素的综合影响。

一方面，民办高校学生保障的成效具有动态性。学生权益保障并非一个绝对概念，而是一个相对概念，即民办高校学生权益是以同级同类公办高校学生的权益保障水平为参照，能否获得与当地同级同类公办高校学生同等的权益，应是当前民办高校学生权益保障工作的重要观测点。且随着时间推移，地方教育行政部门的政策承接与执行能力、民办高校学生权益保障配套政策的完备度及可操作性等因素都处于动态变化之中，公办、民办高校学生权益的现状必将随之变动。这就需要依据法规政策对民办高校学生权益保障的要求，立足于分类管理政策落地生效的宏观背景，定期研判民办高校学生权益保障面临的瓶颈，跟踪不同阶段民办高校学生权益保障的现状特征与影响因素，提出有针对性的优化路径。

另一方面，要积极应对社会变革、政策调整等外部因素对民办高校学生权益保障提出的新要求和新挑战。2024 年 9 月，习近平总书记在全国教育大会上强调要紧紧围绕立德树人根本任务，要处理好支撑国家战略和满足民生需求、知识学习和全面发展、培养人才和满足社会需要、规范有序和激发活力、扎根中国大地和借鉴国际经验等重大关系，要坚持以人民为中心，不断提升教育公共服务的

普惠性、可及性、便捷性，让教育改革发展成果更多更公平惠及全体人民，朝着建成教育强国战略目标扎实迈进。这对民办高等教育而言，既是良好契机，又是现实挑战，需要民办高校等主体真正贯彻以生为本的理念，将学生权益的保障问题放在更加突出的位置，不断增强学生的就读满意度和认同感。

第二节　民办高校学生权益保障同等性的对策建议

政府、公办高校、社会团体、个人都是民办高校学生权益保障同等性的相关者。保障民办高校学生合法权益，这些民办高校相关者应高度重视，以促进民办高校学生身心健康发展为出发点和落脚点，明晰自身在民办高校学生权益保障工作中的权责，切实保障民办高校学生的合法权益。本节瞄准影响民办高校学生权益保障同等性水平的法规政策、治理结构、社会环境等因素，从政府加强引导规范、民办高校落实好立德树人使命、社会营造支持性包容性环境三方面，提出针对性的对策建议。

一、政府加强宏观引导与规范

党的二十大报告提出要"引导规范民办教育发展"。"引导"和"规范"成为未来较长时期内民办教育的指导方针。这就需要政府加强宏观引导，自觉承担起引导和规范民办教育改革发展的职责，建立健全精准动态的外部监管机制，为民办高校学生权益保障筑牢根基，为促进民办高校高质量发展做出积极贡献。

（一）加强总体统筹与宏观引导

1. 增强总体统筹协调能力

政府部门要发挥转观念、定方向、总协调、强监管的作用，站在促进高等教育公平、维护社会公平正义的战略高度，认真学习领会《中华人民共和国民办教育促进法》及相关法律法规，将民办高等教育真正视为教育事业的重要组成部分，尊重民办高校学生的同等法律地位，明确民办高校学生应当享有与同级同类公办高校学生同等的权益，努力为民办高校学生提供持续、稳定、均衡的社会支持与关爱。同时，针对当前民办高校学生权益保障的地区、学校、群体差异，政府尤其是地方政府要增强统筹协调能力，建立地方性的高校学生权益保障联动机制。以教育行政管理部门为牵头部门，会同其他相关行政部门，将民办高校学生统一纳入大学生权益保障范畴，将民办高校学生权益保障工作视为提高民办高等教育质量的重要抓手，融入高等教育高质量发展和教育强国建设的伟大进程中去，统筹考虑、稳步推进、防范风险，切实维护好每个学生的核心利益，提高学生的获得感。

2. 不断创新制度供给方式

制度供给往往无法与制度需求同频共振，新的制度需求常会催生新的制度供给，造成制度变迁的供给与需求处于不同的状态。与社会、个人相比，政府在制度创新和供给方面具有得天独厚的天然优势，既能够有效解决制度变迁成本过高问题，也能通过强制力解决"搭便车"行为、集体行动困境等问题，因此政府应当承担起推动制度创新的责任，在民办教育的顶层设计方面发挥主导作用。

政府是保障民办高校学生同等权益的第一负责人,要发挥好引导和示范作用,引导利益相关主体坚守法律底线、规范办学行为、履行社会责任,共同扩大社会福利总量,切实保障民办高校学生权益。要增强民办教育相关政策取向的一致性,在公共福利资源分配、执行和监管等方面发挥引领作用,解决市场失灵、供需失衡、信息不对称等问题,确保公共资源分配地域、对象、内容的公正性。各地还要细化民办教育法律法规,进一步规范民办高校办学行为,维护好民办高校举办者、教师、学生的合法权益,促进民办高等教育的健康可持续发展。

3. 进一步提升宏观调控的前瞻性

面对人口老龄化和少子化的冲击,我国的教育生源将会大量减少,我国民办高校可能面临生源不足、办学质量提升困难等现实挑战,同时也会迎来很多有利的机遇条件,政府需要发挥好法规政策的宏观调控作用,更加注重发挥宏观调控的成效,激发民办高校办学活力和动力。一要建立健全民办教育政策评估机制,通过建立健全民办高校或学生权益专项评价指标体系,明确常态化评估内容,界定政策评估范围,优化政策评估流程,精准研判政策对民办教育整体发展、关键利益相关者、行业产业的多重影响,及时发现并纠正政策执行偏差,更好地服务民办教育的高质量发展。二要全面稳慎地评估民办教育的政策效应,引导民办高校坚持走高质量发展道路。基于当前部分民办高校办学预期不乐观、办学信心不足等现实情况,建议政府部门开展充分的专项调研与意见征求,多出台有利于稳定民办高校办学预期、激发办学活力的鼓励性政策,谨慎出台可能打击民办高校办学积极性的抑制性举措,不断激发民办高校的办学活力,引导民办高校坚持公益办学导向,不断规范民办高校办学行为，大力提高抵御外部生源等风险的能力。

（二）给予同等且有差异的支持

新形势新要求下，政府需要在民办高等教育的同等支持和差异化扶持两个方面下功夫。首先，要一视同仁地对待民办高校，尊重民办高校及学生的同等法律地位。其次，对教育教学质量较高、办学成绩卓著的民办高校，要以适当方式予以表彰奖励，引导民办高校良性竞争。最后，根据中央最新要求和部署，主动清理歧视性政策，为民办高校健康可持续发展营造良好政策环境。

1. 认清民办高等教育的公益属性

长期以来，受我国民办高等教育起步较晚、投资办学属性、办学规范化程度不一等多种因素影响，民办高等教育属于公共产品、准公共产品，还是私人产品，各界尚未达成一致共识，一定程度上影响了地方财政对民办高校的支持力度。实际上，无论民办高等教育属于何种公共产品、能提供何种服务，都是中国特色社会主义教育事业的重要组成部分。与公办高等教育相比，民办高等教育在微观层次上向学生提供的教育产品没有区别，而且能用更少的公共资源为学生提供同样的教育产品，民办高等教育的公共资源利用效率相对较高，能极大减轻政府的财政负担。保障民办高校学生权益同等性，看似是公共财政向民办高校及学生的倾斜，实则是利益相关者的互利共赢。政府需要扭转对民办高校过度逐利的片面印象，看到其在坚持公益办学、强化社会责任、注重学生差异化需求满足、创新办学机制等方面的独特价值，引导民办高校坚守公益办学导向，提振民办高校办学信心，真正将办学重点聚焦到立德树人的根本任务上。

2. 落实同等支持政策

在应然层面上,《中华人民共和国民办教育促进法》明确了"民办学校受教育者与公办学校的受教育者具有同等的法律地位",民办高校学生应当依法享有受教育权、民主参与学校管理等权利。2017 年,教育部颁布新修订的《普通高等学校学生管理规定》,彰显出"一切为了学生"的理念,更加注重对学生权益的保护。在实然层面上,我国民办高校分类管理改革进程缓慢,部分民办高校仍在观望,尚未作出选择,这直接影响到分类支持政策的落地,也难以有效保障民办高校学生的合法权益,例如民办高校学生自主选择学校、专业、教师的可能性很小,转学、转专业的路径不畅通。这就需要基于我国民办高校分类管理的实际,关心非营利性民办高校举办者的重要关切,优先落实非营利性民办高校的支持政策,充分保障非营利性民办高校及师生的合法权益,及时回应他们的现实需求,稳定民办高校的办学信心,激发民办高校的办学活力。

3. 实施差异化支持政策

当前,我国民办高校进入分类管理的新阶段,这意味着政府应根据民办高校的办学质量、特色和社会效益等因素,实施差异化的扶持政策,创新财政扶持方式。

一方面,要持续加大对民办高校的直接财政投入。实践充分证明,给予民办高等教育专项的财政支持不仅能缓解民办高校的办学资金紧张形势,促进民办高校的高质量发展,而且能彰显出公办、民办高等教育同等的法律地位。例如广东、陕西等省设立了民办高等教育专项资金,用于支持民办高校发展。2012 年陕西省出台《陕西省人民政府关于进一步支持和规范民办高等教育发展的意见》,提出每年拿出 3 亿元进一步加大对民办高校的扶持力度。从 2015 年起，云南省公共财政每年安排 8000 万元专项资金支持民办高等教育发展。2024 年广东省省级教育发展专项资金（民办教育发展方向）共计 9600 万元，除 60 万元的工作经费外，其余 9540 万元全部用于支持民办高等教育发展，共计 16 所民办高校获得支持，其中 7 所获得 800 万元的最高支持。❶

另一方面，评估民办高校办学质量，推行"扶优"的财政支持政策。建议构建一套符合民办高校办学实际、体现民办高校办学特征的评价指标体系，形成对民办高校办学共性和个性的综合评价，优先扶持办学特色鲜明、办学质量较高、办学成效显著、办学声誉良好的民办高校，在政府土地划拨、税费减免、购买服务、专项补贴等方面有所倾斜，鼓励营利性民办高校和非营利性民办高校良性竞争，激发民办高校高质量办学的内生动力，鼓励高水平民办高校发挥好引领和示范作用，带动更多民办高校尽快完成发展模式转型，更加重视学生的德智体美劳全面发展。

（三）建立精准动态的监管机制

监督机制的缺失可能使民办高校出现产权不够清晰、决策分工模糊、家族化治理、内部权力冲突等问题，给民办高校的办学稳定性带来挑战，不利于学生权益的有力保障。这就需要发挥好政府在构建外部监督机制方面的作用，建立覆盖面广、时间周期长、针对性强的动态监管机制，督促民办高校不断提高办学质量，为学生权益保障保驾护航。

---

❶　广东拟投 9600 万元支持民办高校发展 [EB/OL]. (2023 - 08 - 08) [2024 - 09 - 15]. 人民网，http：//gd. people. com. cn/n2/2023/0808/c123932 - 40523326. html.

1. 定期了解民办高校学生权益保障水平

《实施条例》着力强调民办学校的同等法律地位和受教育者的同等权利，规定教育行政和其他有关部门在组织有关的评奖评优、文艺体育活动和课题、项目招标时，应为民办学校及其教师、职员、受教育者提供同等的机会和待遇。本研究发现，我国民办高校学生权益保障的满意度并不高，且不同地区民办高校学生权益保障内容和水平存在差异，这就需要精准研判，发挥好大数据、人工智能的支撑与推动作用，定期调查所在地区民办高校学生权益保障水平，深入了解学生权益保障的总体水平，探寻不同人口统计学变量下学生权益保障水平的差异性，为民办高校学生权益的保障提供切入口。此外，还应以当地普通公办高校学生的权益保障水平为参照，找到民办高校学生权益保障的差距，明确民办高校学生权益保障的着力点，以此作为民办高校监管的重要依据和参考。

2. 加强重点事项的专项监管

有侧重地对重点事项进行专项监管，提升政府监管的针对性，符合当前我国民办高校监管的实际。一方面，要加强对民办高校的财务监管，重点监测民办高校学费的使用情况。按照政策规定，民办高校每年应从学费收入中提取不少于5%的资金用于奖励和资助学生，还应从事业收入中足额提取4%~6%的经费来资助家庭经济困难的学生。这一定程度上确保了民办高校学生奖励资助需求的满足。但在实践层面，民办高校是否严格落实了相关政策、政策落地的成效如何，则需要政府进行有力监管。各地可根据地区经济发展情况和民办高校办学规范化程度，要求民办高校与保险公司签署合作协议，由保险公司承担因高校破产等因素导致的学生学费损失风险，引导民办高校规范办学行为。建立民办高校学生学费使用细则，设立学费专户，要求民办高校将自有资金与学生学费区分开来，做到专户存放学生学费，规范学费的使用场景、使用方式和使用数额，确保学生学费真正用到学校教育教学活动中。另一方面，加强对民办高校法人财产权监管，政府建立健全动态的监测与预警机制，对民办高校尤其是非营利性民办高校是否落实法人财产权，是否合规开展关联交易等营利性行为进行监管或审计，确保民办高校坚持公益办学的基本定位。

3. 建立信息公开制度

《实施条例》明确要求政府应制定学历教育民办学校的信息公示清单，监督民办学校定期向社会公开办学条件、教学质量等有关信息。因此，教育行政部门及相关部门要研究制定区域性的民办高校信息公示清单，明确信息公开的总体要求、主要内容、主要流程、奖惩机制等，一方面，统筹考虑营利性民办高校和非营利性民办高校的差异性，分类公开两类学校的办学信息，有所侧重地公开相关内容，尤其关注两类民办高校是否在信息公开网或学校官网的显著位置公开学校章程、发展规划、学费收费标准、招生录取规定、人才培养质量报告等关键信息。另一方面，督促民办高校建立集成化、便捷化的信息公开渠道，督促设立专门的信息公开专栏并能实现有效的外部访问，方便社会公众、学校师生及时了解学校信息，提升信息的透明度和民办高校的公信力。

二、民办高校落实好立德树人使命

民办高校能否坚持社会主义办学方向、能否全面贯彻党的教育方针、能否加强理想信念教育、能否培育和践行社会主义核心价值观，直接影响学生权益保障的实现度。筑牢学生权益保障的第一道防线，需要民办高校坚定落实立德树人的根本要求，加快转变发展模式，走内涵式发展道路，不断提高内部治理科学化、民主化水平，畅通学生权益诉求表达渠道。

（一）注重学校内涵建设

1. 引导民办高校走内涵发展道路

在人口少子化的背景下，我国高等教育将在 2038 年左右迎来历史性"生源拐点"，2038—2050 年，高等教育生源将供小于求，形成从 274.02 万人扩增至 1171.85 万人、再减少至 996.78 万人、821.69 万人的供给缺口，届时可能引发高等教育生源的数量危机和质量危机，并造成高等教育生态系统失衡。● 这对快速成长中的民办高校而言，既是挑战又是机遇，民办高校要警惕生源减少带来的严峻挑战，用好自身在贴近产业、机制灵活等方面的优势，提前谋划布局，提高风险抵御能力。民办高校要主动发挥好自身在学生权益保障方面的"第一负责人"作用，贯彻落实以生为本的办学理念，尽快转变学校发展战略，促进学校发展模式由外延式向内涵式转型，将主要精力用到办学质量提升上，明确学校的办学定位和办学特色。要结合产业行业需求，以应用型人才培养为核心，注重学生理论知识与实践经验相结合、专业技能与实践训练相结合，探索符合市场需求、彰显学校特色的人才培养体系，全面提高学生综合素质，提升毕业生就业率和创业率。

● 贺祖斌，郭彩清. 少子化趋势下 2024—2050 年高等教育生源供需预测与危机预警——基于中国第七次人口普查数据的分析 [J]. 中国高教研究，2024（06）：60 – 68.

2. 开展针对性的学生学习生活指导与服务

针对当前民办高校学生权益保障的群体差异，各二级学院尤其是辅导员需充分了解学生学习基础、学习能力、个性等特质，深入挖掘不同类型学生的学习需求，尤其关注家庭经济困难学生、特殊需求学生的多元化诉求，确保不同背景学生切实获得奖励资助、自主学习、就业创业、福利优待、参与管理等权益，助力每个学生有效完成学业计划，顺利实现学业发展目标。开展多层次、多样化的学业指导活动，如有针对性地开展"学困生学业帮扶计划""优秀学子提升计划""学习技能提升计划"等计划，使学生服务贯穿教育教学全过程，惠及所有学生，满足学生多元、个性的学业发展需求。

3. 密切关注学生隐性权益诉求

本研究发现，民办高校学生的隐性权益、发展性权益和长远权益保障情况不容乐观，提示民办高校应高度关注学生的隐性诉求，畅通学生各类权益的申诉渠道。民办高校应定期组织专题座谈，听取学生对学校奖惩管理、奖助评选、后勤服务、收费管理、教师选聘等的看法，避免信息不对称，深入了解学生的权益保障情况，重点关注学生学习自主、参与学校治理等隐性权益。还应联合学工系统、教务系统、教师系统、后勤系统等，成立专门的校级学生权益保障纠察部门，统一受理学生权益申诉，对于多次被学生投诉举报的部门，根据情节严重程度，给予部门负责人以警告、记过、降级等处分，逐步优化内部治理问责机制。还要联合学工处、就业创业处、教务处等相关职能部门，构建学生代表提案工作机制，鼓励学生以提案的方式表达诉求、反映问题、提出建议。

（二）优化内部治理机制

民办高校要建立健全校内质量控制体系，通过修订完善章程、建立健全学生参与治理机制、促进信息公开制度化等举措，不断优化学校内部制度供给，增强民办高校自我评估与改进的内生动力，切实保障学生的合法权益。

1. 尽快修订完善学校章程

章程等校内制度建设有待完善，是影响民办高校学生权益保障同等性的重要原因。有调查发现，我国民办高校章程文本普遍存在内容要素不齐全、内部权力结构不均衡、民主监督机制不健全等问题，105 所样本民办本科院校章程中，仅有 13 所民办高校有学生代表大会制度的相关表述，占比仅为 12.4%；17 所民办本科高校章程未规定学生权益的救济机制。章程是民办高校依法自主办学的基本制度规范，民办高校要充分认识到章程修订工作对学校依法治校的重要意义，将章程建设与民办高校中长期发展规划的制定与落实紧密结合，要深入贯彻党的教育方针，根据学校办学实际和师生需求变化，定期修订章程的重要条文，充分体现章程对促进学校依法依规办学、推动学校治理能力与治理体系现代化的重要作用，促进民办高校健康可持续发展。针对一些民办高校章程中学生权益救济机制缺乏的现状，民办高校应在广泛听取学生意见、充分重视学生意见的基础上，加紧修订完善学校章程，增加学生权益救济相关的条文，明确规定学生权益受损时的救济方式。

2. 建立健全学生参与学校治理机制

新时代，民办高校应当坚持以学生为中心，尊重学生在参与学校治理中的重要作用，引导鼓励学生参与到学校治理事项中，促进学生利益诉求的畅通表达，减少学生非理性表达给学校稳定办学带来的负面影响。一方面，建立健全学生代表大会制度，赋予其实质参与学校治理的权利。民办高校学生代表大会应充分保障学生依法依规行使民主权利，建立健全提案制度，广泛征求学生对学校各项工作的意见和建议。针对学生成长、身心健康、学业就业等方面开展调查研究，依照规范程序提请学校相关部门处理，引导学生合理有序表达和维护正当权益，及时反馈学生提案的落实情况。另一方面，在民办高校行政和各类校级委员会设定一定比例的学生代表，确保学校重大决策能尊重学生的合理诉求和意见。针对与学生权益密切相关的事项，民办高校应当持续优化学生的参与程度和参与机制，通过民主推选等方式，选举具有威信力、影响力的学生代表，赋予他们在参与学生事务管理、专业选择调整、课程设计等方面的知情权、表达权和参与权，最大限度地体现学生利益诉求表达的规范化与制度化。

3. 推进校级信息公开制度化进程

建立透明、便捷的校级信息公开制度是保障民办高校学生合法权益的重要一环。民办高校要综合利用学生入学、日常管理和期末测评等关键环节，形成包含学生基本信息、学习信息、就业创业信息、参与管理信息等多层次的学生信息管理服务系统，同时向学生、教师、管理者开放，满足不同使用者的使用需求。既能让学生方便、快捷地查询个人信息，了解自身情况，做好个人发展规划，也能赋予学生工作管理者、教师足够权限，使其及时、有效地获得相关数据信息。当然，学生信息管理系统要注重加强权限管理，确保权限使用的合理性，避免出现权限过度开放、增加学生信息管理混乱等情况，还应有效保护学生信息，采取必要措施确保信息数据的安全性。

（三）畅通诉求表达渠道

打通民办高校学生合理表达诉求的现实渠道，以转变学生管理认知、畅通表达方式、健全投诉申诉机制等为突破口，是新时代保障学生合法权益、维护民办高校良好办学形象的重要途径。

1. 提高学生对合法权益的认知

调研中发现，民办高校学生对自身应当享受的合法权益尤其是同等权益认知不足，尚未认识到其享有与同级同类公办高校学生同等的学籍管理、升学就业、表彰奖励等权益。当自身权益受到损害时，民办高校学生并不知情，导致学生权益得不到及时有效维护。民办高校作为高等教育服务的服务方，应当依法维护学生的知情权、参与权和监督权，让学生知道自身权益包括哪些内容，如何维护自身合法权益。还可举办维权宣传日、维权知识竞赛、专题讲座等，帮助学生了解法律常识，让学生认识到自身合法权益的内容及防范方式。在公共课程或其他专业课程的教学中，可采用案例教学方式分享学生权益维护的具体事件，增强学生的法律意识和风险防范能力。

2. 最大化满足学生利益表达诉求

针对民办高校学生非理性权益表达方式的现状，民办高校管理者需要转变学生管理思路，杜绝将管理者与学生简单对立的认知，破除"学生表达意见就是挑战学校秩序"的单一认知，真正站在学生全面发展的视角，认识到民办高校学生群体的特殊性，怀着仁爱之心、包容之心，挖掘学生身上的闪光点，用好学生的独特优势，将学生真正视为民办高校利益共同体的重要成员，灵活变通，探寻与民办高校学生群体特征更加匹配的权益表达方式，最大限度地提供保障学生权益表达的平台和机会，让学生切实感受到学校的关心与爱护，增强学生对学校的归属感与认同感。

3. 建立健全学生投诉申诉机制

由于民办高校学生利益表达的"非正式化"色彩较浓，有的学生可能将不满情绪进行"对抗性"发泄。民办高校需要结合自身校情、学情等特征，加快建立方便快捷、渠道多元的学生权益投诉渠道。让学生能通过书面、口头、邮件等多种方式，及时表达个人需求，提出对学校改革发展的意见建议。民办高校还应设立专门的学生申诉处理委员会，由学校相关负责人、职能部门负责人、教师代表、学生代表以及法律事务负责人等组成，负责受理学生对处理或处分不服提起的申诉。有条件的民办高校要制定具体、可操作的学生申诉管理办法或细则，明确学生申诉处理委员会的工作范围、工作流程和保障措施，确保申诉处理的客观性与公正性。此外，民办高校还要建立有效的学生权益沟通与反馈机制，通过定期回访、满意度调查等方式，了解跟踪学生的投诉处理结果，根据学生反馈不断优化调整学生投诉申诉机制，确保第一时间回应学生诉求，切实捍卫学生的合法权益。

三、社会营造支持性包容性环境

保障民办高校学生的社会福利、医疗保险等权益，离不开社会的大力支持与广泛监督。《实施条例》鼓励民办学校理事会、董事会或者其他形式决策机构吸收社会公众代表，体现出社会支持与监督对保障民办高校学生权益的重要作用。社会组织和公众应积极作为、转变观念，通过经费支持、宣传引导、独立评估等方式，承担起监督民办高校改善办学条件、办学质量、办学成效、评估结果等的重要职责，共同营造开放包容友好的社会环境。

（一）加大社会支持力度

社会公众共同参与民办高校学生权益保障工作，不仅体现了民办高校内部治理的开放性和民主性，而且有助于增强公众对民办高校的信任与支持，促使民办高校在决策过程中更加关注社会各方的利益诉求，共同推进民办高校办学质量的提升和学生权益的保障。

1. 公平公正对待民办高校学生

社会用人单位等主体要主动践行公共服务职责，一视同仁地给予所有高校毕业生最大的社会支持，营造公平公正、包容友好的社会环境。美国私立高校学生除了能享受联邦、州和地方政府三方提供的同等资助体系外，家庭经济困难学生还能得到联邦政府、州政府、慈善机构和院校的资助，私立高校学生接受高等教育的机会和过程平等能得到有效保障。虽然中美私立（民办）高校的发展历史、举办模式、治理模式等不尽相同，但美国私立高校学生权益保障的举措仍然值得借鉴，社会用人单位、社会组织、个人需承担起保障学生学业、就业、创业等的社会职责，同等对待民办高校学生，减少对学生就读院校类型、学历层次和身份等的变相歧视，充分承认民办高校学生在动手操作能力、知识转化能力、技能学习能力等方面的优势，真正以学生的能力素质为用人标准，充分发挥每个学生的潜能，让每个学生的社会价值得到充分体现。

2. 完善民办高校公益捐赠制度

当前，社会对民办高校的捐赠积极性总体不高，这主要受我国民办高校吸纳社会捐赠的政策支持尚不完善、民办高校办学属性模糊不清、办学公益性体现不足等因素影响。随着《中华人民共和国民办教育促进法》《实施条例》等法律法规的落地，民办高校尤其是非营利性民办高校的办学规范化程度不断提高。2020 年 5 月，十三届全国人大三次会议表决通过了《中华人民共和国民法典》，将非营利性民办高校的法人属性规定为非营利法人中的捐助法人，办学活动不追求办学盈余的分配。实践中，西湖大学、福耀科技大学、东方理工大学等民办高校相继加入创建高水平大学的大军，让社会对民办高等教育有了更多期待，这种基金会捐赠办学的形式打开了社会资本进入民办高等教育的钥匙，❶ 为社会各界积极捐资非营利性民办高校提供了良好时机。❷ 但与公办高校相比，社会对民办高校捐赠的内生动力相对不足，企业或个人关心支持民办高校的意愿尚不强烈，社会向民办高校捐赠的顾虑较多。建议政府、学校和社会各界加强合作与沟通，不断完善民办高校公益捐赠政策和机制，缓解社会对民办高校办学质量、资金稳定性、社会声誉等方面的顾虑。引导社会通过个人捐赠、企业捐赠等方式加大对民办高校的资金支持力度，有力支撑民办高校自主开展教育教学活动，不断提高民办高校的办学公信力。

3. 行业组织发挥好桥梁与宣传作用

扭转社会对民办高等教育的固有认知，为保障民办高校学生权益营造有利环境，需要发挥好行业组织等民间组织的作用。一方面，

---

❶ 民办教育如何打开社会资本之门？访中国民办教育协会会长刘林 [EB/OL].
(2024 – 04 – 14) [2024 – 09 – 20]. https：//canedu. org. cn/site/content/7554. html.

❷ 王中宽. 制度创新视域下非营利性民办高校高质量发展的中国道路 [J]. 黑龙江高教研究，2024，42（10）：7 – 14.

要发挥行业组织在团结民办教育理论工作者与实践工作者，学界、政界、业界之间的桥梁作用，通过组织开展民办教育理论与实践研究，开展行业自律、行业维权及其他服务活动，形成关于民办高校改革发展共性问题的专题报告，及时向相关政府部门反映行业诉求、提出意见建议，打通民办高校与教育行政部门的沟通渠道，合力破解民办高校高质量发展的瓶颈问题。另一方面，发挥好行业组织在宣传民办教育地位方面的作用，大力宣传高水平民办高校的良好办学形象，宣传民办高等教育特色改革经验和优秀办学成果，改变社会对民办高等教育的偏见和歧视，增进社会各方对民办高等教育的关心和支持，为民办高等教育发展营造良好的外部环境。

（二）提高社会监督效能

提高社会监督民办高校的效能是一个系统工程，需要从提高公众参与民办高校内部治理、建立健全监督机制、创新监督方式等方面着手。对民办高校办学活动进行广泛监督，及时发现民办高校办学失范或不当行为，促进民办高校规范办学和健康发展，形成全社会共同监督的良好氛围，提高社会监督的效能。

1. 提高公众参与民办高校内部治理程度

社会公众的充分参与促使民办高校更加注重办学信息的公开，提高财务、教学、师资等关键办学信息的透明度，让公众充分了解并有效监督民办高校的办学行为。具体而言，媒体和社会舆论要充分利用公开报道、情况曝光等方式，营造监督民办高校办学行为的浓厚氛围。新闻媒体要秉持公平公正的素养，关注大学生权益保障的实现度、同等性等现实问题，及时曝光恶性歧视行为，监督用人单位的选人用人流程，引导形成有利于民办高校学生权益保障的舆论生态。还可通过报道民办高校、用人单位等在保障学生权益方面的成功经验和失败教训，促使相关主体自觉地尊重学生正当权益，避免过度用权，增强依法治校意识。需要注意的是，社会舆论应发挥正确的宣传报道与外部监督作用，客观公正地宣传民办高校相关情况，对侵害学生合法权益的事件予以公开曝光，推动民办高校不断改进学生管理与服务工作，最大限度地保障学生合法权益。

2. 发挥第三方评估机构的独立评估作用

2019 年，教育部发布的《民办教育工作部际联席会议 2019 年工作要点》提出探索建立民办学校第三方质量认证和评估制度，积极推进民办教育领域社会信用体系建设。❶ 该举措旨在借助政府和学校之外的专业机构，对民办学校办学水平进行客观公正的评估，不断提升民办教育的办学质量。从近年来的执行情况看，第三方评估机构在监督民办教育办学行为方面的作用尚不明显，亟须进一步明确第三方评估机构的独立性，确保评估机构具备法人资格，拥有自己的名称、人员、场所、财产、经费和章程，能独立履行机构使命并承担民事责任，且与被评估对象保持无隶属制约关系，避免因利益冲突导致独立性丢失问题。还要增强第三方评估机构的透明度和公正性，坚持评估方法、内容、过程、结果的客观性，逐步树立第三方评估机构的公信力，更好发挥其在监督民办高等教育改革发展中的作用。

3. 探索建立民办高校社会监督员制度

在加快建设教育强国的背景下，民办高校人才培养质量日益受

---

❶　教育部办公厅关于印发《民办教育工作部际联席会议 2019 年工作要点》的通知 [EB/OL]．（2019 - 03 - 28）［2024 - 10 - 11］．教育部网站，http：//www. moe. gov. cn/srcsite/A03/s3014/201904/t20190408_377035. html.

到社会各界的广泛关注。为进一步提升民办高校的办学质量，促进民办高校更加规范有序地办学，切实保障学生的合法权益，有必要探索建立民办高校社会监督员制度。2019 年，安徽省教育厅等部门明确提到要探索建立民办学校办学行为社会监督员制度，一些地区已经完成制度试点和探索工作，但时至今日，民办高校的社会监督员制度还不够成熟。建议进一步完善和优化民办高校社会监督员制度，政府加紧出台相关政策，明确社会监督员的职责与权利，如监督民办高校办学行为、了解学生合法权益保障情况、监督学校安全措施、提出学校改革发展意见建议等。还应建立定期报告制度，让社会监督员定期向教育行政管理部门或相关机构报告监督情况，及时对监督工作提出意见建议，尽快纠正侵害学生合法权益的行为。建立有效的沟通与协作机制，加强教育行政部门、民办高校与社会监督员之间的沟通，促进民办高校认真对待监督员提出的问题与建议，及时整改相关问题，并向监督员反馈整改情况。

第三节　民办高校学生权益保障同等性的展望

保障民办高校学生的同等权益，始终处于探索与完善之中。随着教育综合改革的深入推进和民办高校内涵建设的稳步实施，民办高校学生的合理诉求将得到充分满足，民办高校学生的同等法律地位将得到各方认同，民办高校学生的合法权益将得到有效保障。我们期待政府的宏观引导更加有效，民办高等教育的法规政策环境更加健全，民办高校的硬实力和软实力明显增强，办学特色将更加鲜明，民办高校学生权益将获得更加坚实的制度保障、更加规范的机制保障、更加友好的舆论保障。

一、由有为到有效：政府引导规范将更加有效

保障民办高校学生权益同等性，需要政府主动发挥"有为"作用，主动承担起引导和规范民办教育发展的职责和使命。通过建立健全宏观调控和发展规划体系、优化教育体制机制、加强监督检查、颁布实施相关政策、防范化解风险挑战等方式，推动民办教育规范发展。

一是宏观引导更加有力。未来，政府将着眼于民办高校最朴素、最现实的发展需求，发挥好自身在提升基本公共服务质量方面的主导作用，进一步加强对民办高等教育高质量发展的宏观引导，研究出台民办教育高质量发展的指导意见，不断加强党对民办高等教育的全面领导，全力提升民办高校党建和思政工作水平。政府还将加快全面深化民办教育领域的综合改革，实施高水平民办高校建设专项行动，督促民办高校落实好立德树人根本任务。

二是法律保障更加坚实。组织机构并不总是被动适应外部的法规政策环境，也能在既定的政策环境中主动进行战略选择，"那些获得规范支持机构及法律机构认可，比起那些缺少这些支持、认可的机构，更有可能生存下去"❶。可见，法律法规对于促进民办高校办学行为规范化具有重要作用，需要进一步健全民办教育法律法规，尤其要结合各地民办教育的发展情况和政策供给现状，进一步细化

---

❶　W. 理查德·斯科特. 制度与组织：思想观念与物质利益（第3版）[M]. 姚伟，王黎芳，译. 北京：中国人民大学出版社，2010：166.

学生权益保障的相关规定，修订学生权益救济和申诉相关规定，为学生权益保障提供法律依据。

三是外部监管更加精准。随着民办教育制度供给的优化，各级政府对民办学校的监管将更加精准有力，政府将针对不同学段、不同地区的民办学校，出台更符合本地实际、更具针对性、更加个性化的监管方案，确立合理的教育质量评估标准，对民办学校学费标准、学校产权等关键事项进行重点监管，加强对不同类别民办学校的专项指导和日常监管。这必将有利于民办高校依法依规办学，及时发现和纠正办学运行中存在的问题，切实保障学生合法权益。

二、由做大到做强：民办高校办学特色将更加鲜明

高水平民办高校的生命周期一般包括初创期、成长期、成熟期和蜕变期四个依次递进的阶段。❶ 当前，我国多数民办高校正从初创期向成长期过渡，只有少数民办高校跨过初创期和成长期，进入成熟期。今后，我国民办高校将面临生源短缺、竞争压力较大、资源供给困难等问题，因此民办高校应当增强危机意识和紧迫意识，预先谋划，尽早转型。

其一，更加关注办学质量与特色。德国的私立高校基本形成了与公立高校有所区别的错位竞争优势，其私立高等教育具有鲜明的针对性，努力吸引具有不同动机的学生并提供差异化的教育体验。在就读动机上，德国私立高校学生比公立高校学生更倾向于促进自身的职业发展、更高的薪水期望以及准备应对工作世界的不确定性

---

❶ 阙明坤. 中国高水平民办高校生成机制研究［D］. 厦门：厦门大学，2020：329.

和提升自主能力。❶民办高校不能只关注办学规模，而是需要努力从"如何做大"向"如何做强"转型，找准自身优势和不足，更加关注办学质量和办学特色，通过开展特色课程建设、教学方法改革等创新实践，形成独特的办学风格和品牌特色，吸引更多的优质生源，在保持办学稳定的基础上提升办学质量。

其二，全力彰显体制机制灵活的最大优势。体制机制灵活是民办高校办学的最大优势。在初创期，很多民办高校利用体制机制灵活的天然优势，抢占了很多发展机会，很好地解决了办学中"有没有"的问题。但在内部治理方面，民办高校的体制机制红利尚未用足、用好，依然存在诸如层层请示汇报、事事研究讨论等积弊，尚未建立高效、科学、民主的治理结构。❷民办高校需要用好体制机制灵活的优势，将其体现在增强办学实力、提高办学成效方面，只有这样，民办高校的办学定位才能更加清晰，办学目标才能更加明确，师资队伍结构才能更加合理，人才培养质量才能不断提高，学生权益才能得到切实保障。

其三，发挥校园文化的浸润作用。发挥校园文化的浸润作用，是当前教育领域的重要任务之一。校园文化作为一种无形的精神力量，对于塑造价值观念、陶冶心灵、促进师生身心全面发展具有不可替代的作用。良好的校园文化能激发学生的学校认同感，调动学生学习的积极性、主动性和创造性，使其始终保持高昂的情绪和奋进的精神状态，形成向心力和凝聚力。但由于民办高校办学时间较短，举办者和管理者的精力主要在于维持学校平稳运行的硬件建设

---

❶ 彭湃，丁秀棠. 高等教育普及化时代德国私立高校的发展及动因 ［J］. 清华大学教育研究，2023，44（05）：111–121.

❷ 别敦荣，李佩娅. 民办高校发展走势与前景 ［J］. 河北师范大学学报（教育科学版），2023，25（06）：6–13.

方面，对于校园文化建设重视不够。未来，随着民办高校内涵式建设的推进，校园文化建设将得到高度重视，校园文化对学生的浸润作用将得到充分彰显。

三、由被动到主动：学生参与机制将更加健全

随着相关法规政策的落地，民办高校学生参与学校治理的机制将更加健全，学生的权益保障意识将极大增强，自我权益维护能力得到显著提升。

其一，优化学生自治组织运行机制。有条件的民办高校将会重构学生组织、优化学生组织功能，提升学生参与学校治理的可接近性和可获得性，创设更加便捷有利的条件，让每个学生都有平等知晓、参与和监督学校重大事项的机会。

其二，拓宽学生参与内部治理的途径。民办高校将不再简单将学生视为被管理对象，而是主动关心爱护学生，广泛听取学生心声。更加看重学生实际诉求实现度，民办高校可能会推行学生代表提案制度和学生代表选举制度，搭建一体化的学生参与平台，通过便捷途径主动征求学生的意见，使学生更深入地参与到和学生切身利益相关的事务中，进一步拓宽个人参与途径。

其三，创新学生参与内部治理的方式。调研发现，当前很多公办高校已经采取了学生校长助理、开通校长信箱、设立投诉热线、召开学生恳谈会等创新举措，全方位听取学生的意见和建议，畅通学生参与管理的渠道，这些都值得民办高校学习借鉴。未来，民办高校将持续探索学生参与治理的新方式，为民办高校学生参与内部治理不断注入新活力，学生的权益保护意识将得到普遍增强，自我保护能力将得到较大提升。

附　录

附录1：调查问卷

民办高校学生权益保障状况调查问卷

亲爱的同学：

您好！非常感谢您参与此次问卷调查。

您提供的信息对保障民办高校学生权益很有帮助。问卷选项没有对错好坏之分，只要根据您自己的实际情况和真实想法来回答就是最好的，我们对您的回答完全保密。再次感谢您的大力支持！

一、背景信息（请选择符合您实际情况的选项）

1. 学校位置：_____省（自治区、直辖市）_____学校

2. 性别：□男 □女

3. 是否独生子女：□是 □否

4. 家庭所在地：□城市 □乡镇 □农村

5. 父母最高学历：□初中及以下 □高中 □专科或本科 □研究生

6. 学校办学层次（以最高层次为准）：□专科 □本科

7. 个人就读专业层次：□专科 □本科

8. 所在年级：□大一 □大二 □大三 □大四 □其他

9. 专业所属学科：□人文社科类（管理学、经济学、文学等）□理工类（工程、化学、物理等）□农医类 □艺术类　其他_____

10. 您目前所就读的专业是：□第一志愿 □非第一志愿 □调剂 □其他

11. 您是否担任过学生干部：□是 □否

12. 您是否有创业经历：□是 □否

13. 助学贷款情况：□无 □国家助学贷款 □生源地贷款 □其他

14. 有无兼职：□有 □无

二、请根据您自身情况的判断，在最合适的选项上打"√"。

序号	题项	极不符合	不符合	中立	符合	非常符合
1	您和同学都有奖学金	①	②	③	④	⑤
2	学校的勤工助学岗位多	①	②	③	④	⑤
3	学校的专项奖学金类型多	①	②	③	④	⑤
4	您认为奖助学金的覆盖面广	①	②	③	④	⑤
5	您认为助学贷款的数额足够	①	②	③	④	⑤
6	您认为评奖评优的机会多	①	②	③	④	⑤
7	如果需要，您能顺利申请到助学贷款	①	②	③	④	⑤
8	获奖的学生能如期收到奖助学金	①	②	③	④	⑤
9	获奖的学生能足额收到奖助学金	①	②	③	④	⑤

续表

序号	题项	极不符合	不符合	中立	符合	非常符合
10	您能享受到寒暑假火车票等优惠	①	②	③	④	⑤
11	您能享受到日常交通（如公交车/地铁）等优惠	①	②	③	④	⑤
12	您能享受到旅游景点门票等社会优待	①	②	③	④	⑤
13	您能享受到医疗保险规定的各种优惠	①	②	③	④	⑤
14	您能报销一定比例的医疗费用	①	②	③	④	⑤
15	特困生能享受到学校的医疗补助	①	②	③	④	⑤
16	您能找到适合自己的学习场所	①	②	③	④	⑤
17	您能自主安排空闲时间用于学习	①	②	③	④	⑤
18	学校提供满足您学习需求的课程	①	②	③	④	⑤
19	学校提供满足您发展需要的实践活动	①	②	③	④	⑤
20	学校提供专升本、考研、出国等信息与服务	①	②	③	④	⑤
21	您的升学深造能得到学校和老师的指导	①	②	③	④	⑤
22	学校的学习氛围对您的升学很有帮助	①	②	③	④	⑤
23	学校开展专门的就业创业教育	①	②	③	④	⑤
24	学校为学生的就业创业提供人员支持	①	②	③	④	⑤
25	学校为学生的就业创业提供资金支持	①	②	③	④	⑤
26	学校为学生的就业创业提供平台支持	①	②	③	④	⑤
27	学校支持学生的创业成果转化	①	②	③	④	⑤
28	您能在短时间内知道学校发生的重大事件	①	②	③	④	⑤

续表

序号	题项	极不符合	不符合	中立	符合	非常符合
29	您能全面了解学校重大事件的处理过程	①	②	③	④	⑤
30	您能便捷地获取学校的重要信息	①	②	③	④	⑤
31	您和同学都能参与学校决策中与学生利益相关的事务	①	②	③	④	⑤
32	学校做出与学生利益相关决策前能征求您的意见	①	②	③	④	⑤
33	学校会请学生代表列席讨论与学生利益相关的决策	①	②	③	④	⑤
34	您能通过学生代表大会、学生社团等组织表达对学校的意见	①	②	③	④	⑤
35	您能通过多种途径与学校管理者沟通	①	②	③	④	⑤
36	您的建议能得到及时反馈	①	②	③	④	⑤
37	您提出的申诉能得到有效解决	①	②	③	④	⑤
38	您对自身的权益保障情况很满意	①	②	③	④	⑤
39	您对自己的奖励资助权益很满意	①	②	③	④	⑤
40	您对自己的学业自主发展权益很满意	①	②	③	④	⑤
41	您对自己的就业和创业权益很满意	①	②	③	④	⑤
42	您对自己的身心健康发展权益很满意	①	②	③	④	⑤
43	学校收取的学杂费标准合适	①	②	③	④	⑤
44	学校日常收费项目的类型合理	①	②	③	④	⑤
45	学校日常收费项目的数额不高	①	②	③	④	⑤
46	学校能保障您的合法经济利益不受损害	①	②	③	④	⑤
47	您能享受到与学费数额相匹配的教育服务	①	②	③	④	⑤

再次感谢您的大力支持！

附录 2：访谈提纲

民办高校学生权益保障状况访谈提纲（学生版）

1. 您认为，民办高校学生应当享有哪些基本权益？您是否享受到了这些基本权益？有什么改进建议？

2. 贵校在招生入学、奖励资助、专业建设、课程教学、校园服务、就业创业等方面有哪些好的做法？有什么改进建议？

3. 贵校在保障学生奖励资助的范围、力度和效果等权益方面的做法有哪些？哪些方面还需改进？

4. 贵校在保障学生学业自主发展、升学深造、就业创业等权益方面的有效做法有哪些？哪些方面还需进一步改进？

5. 贵校在保障学生社会优待、医疗保险等身心发展权益方面的做法有哪些？哪些方面还需进一步改进？

6. 贵校在保障学生知情权、参与权、表达与监督权等参与学校管理权益方面的典型做法有哪些？哪些方面还需进一步改进？

高校学生权益保障状况访谈提纲（管理人员版）

1. 您认为，当前贵校学生权益保障的现状如何？民办高校学生能否享受到与同级同类公办高校学生同等的权益？

2. 您认为，当前高校学生权益保障工作面临哪些现实挑战？

3. 您认为，影响高校学生权益保障的因素有哪些？

4. 您认为，保障学生合法权益的对策建议有哪些？

参考文献

一、著作

[1] 马克斯·韦伯. 经济、社会诸领域及权力 [M]. 李强，译. 北京：生活·读书·新知三联书店，1998.

[2] W. 理查德·斯科特. 制度与组织：思想观念与物质利益（第 3 版）[M]. 姚伟，王黎芳，译. 北京：中国人民大学出版社，2010.

[3] 周海涛，等. 中国教育改革开放 40 年：民办教育卷 [M]. 北京：北京师范大学出版社，2019.

[4] 湛中乐. 学生权利及其法律保障 [M]. 北京：中国法制出版社，2017.

[5] 闫丽雯. 民办高校学生权益保障研究 [M]. 武汉：湖北教育出版社，2023.

二、硕博论文

[1] 李豪轩. 公共服务可及性与民生获得感的关系研究 [D]. 成都：四川省社会科学院，2023.

[2] 谢鑫磊. 民办高校学生利益表达问题及其改进策略研究：以某三所民办高校为例 [D]. 长春：吉林外国语大学，2023.

[3] 王邦永. 营利性民办高校法人治理研究 [D]. 上海：华东师范大学，2022.

[4] 阙明坤. 中国高水平民办高校生成机制研究 [D]. 厦门：厦门大学，2020.

[5] 冉旭. 从英国高等教育发展看英国教育政策的演变 [D]. 重庆：重庆师范大学，2012.

三、期刊

［1］贺祖斌，郭彩清. 少子化趋势下 2024—2050 年高等教育生源供需预测与危机预警：基于中国第七次人口普查数据的分析［J］. 中国高教研究，2024（06）.

［2］文雯，周璐，陈毅卓. 高深知识视角下的大学课程：内涵及评价［J］. 江苏高教，2024（08）.

［3］MARGINSON S，沈文钦，王嘉璐. 关于全球高等教育研究未来的若干思考［J］. 中国高教研究，2024（08）.

［4］何继新，邱佳美，侯宇. 基本公共服务可及性：理论进展、逻辑框架与关键问题［J］. 四川行政学院学报，1－15［2024－09－19］.

［5］李延保. 民办高校如何加强党的领导和建设：兼谈民办高校治理和大学文化建设［J］. 河北师范大学学报（教育科学版），2024，26（02）.

［6］王子朦. 高质量发展阶段高等教育机会公平的困境与突破［J］. 黑龙江高教研究，2024，42（08）.

［7］徐菁，邵宜航，张子尧. 高等教育扩张能促进向上社会流动吗?：来自中国高校扩招的证据［J］. 教育与经济，2024，40（03）.

［8］彭湃，丁秀棠. 高等教育普及化时代德国私立高校的发展及动因［J］. 清华大学教育研究，2023，44（05）.

［9］周文，许凌云. 论新质生产力：内涵特征与重要着力点［J］. 改革，2023（10）.

［10］祁占勇，吴仕韬. 新质生产力视域下民办高校人才培养模式变革［J］. 中国人民大学教育学刊，2024（04）.

［11］课题组. 2023 年中国高等教育重大议题与年度热点研究前沿报告［J］. 中国高等教育，2024（08）.

［12］周海涛，朱元嘉. 提高人才自主培养质量的时代价值、逻辑进路与行动策略［J］. 中国高等教育，2024（07）.

[13] 张春晗. 运用审计监督，助推民办学校规范发展：以长沙市为例 [J]. 湖南教育（D版），2024（05）.

[14] 别敦荣，李佩娅. 民办高校发展走势与前景 [J]. 河北师范大学学报（教育科学版），2023，25（06）.

[15] 钟秉林. 民办本科院校要拓展办学视野聚力高质量发展：本轮学位授权审核工作的启示 [J]. 中国高教研究，2022（05）.

[16] 邬大光. 日本高等教育有何"过人之处"[J]. 复旦教育论坛，2022，20（05）.

[17] 佘宇，单大圣. 论教育发展与共同富裕 [J]. 行政管理改革，2022，156（08）.

[18] 王中宽. 制度创新视域下非营利性民办高校高质量发展的中国道路 [J]. 黑龙江高教研究，2024，42（10）.

[19] 黄福涛. 马丁·特罗高等教育发展阶段理论的检视与反思：基于历史与国际比较的视角 [J]. 高等教育研究，2022，43（03）.

[20] 阙明坤. 民办高校高质量发展的挑战与路径 [J]. 中国高等教育，2021（06）.

[21] 阙明坤. 资源拼凑视域下我国高水平民办高校生成机理探究 [J]. 河北师范大学学报（教育科学版），2021，23（01）.

[22] 王绍让. 新时代学生利益诉求表达机制的创新与完善：基于浙江省10所高校的调查研究 [J]. 浙江工业大学学报（社会科学版），2021，20（04）.

[23] 别敦荣，石猛. 民办高校实施分类管理政策面临的困境及其完善策略 [J]. 高等教育研究，2020，41（03）.

[24] 吕宜之. 非营利性民办高校基金会办学模式探究 [J]. 江苏高教，2020（09）.

[25] 石猛. 民办高校董事会制度的治理价值及其实现 [J]. 复旦教育论坛，2019，17（02）.

［26］胡敏. 大学善治视野下学生利益诉求表达机制建构［J］. 高教探索，
2015（10）.

［27］潘懋元，别敦荣，石猛. 论民办高校的公益性与营利性［J］. 教育研究，
2013，34（03）.

［28］张应强，冯建军，文雯，等. 教育强国建设的战略性内涵、方法体系与
实践路径（笔谈）［J］. 现代教育管理，2024（10）.

四、电子资源

［1］习近平在中共中央政治局第五次集体学习时强调 加快建设教育强国 为中
华民族伟大复兴提供有力支撑［EB/OL］.（2023－05－30）［2024－08－
08］. 新华社，https：//www. mohrss. gov. cn/SYrlzyhshbzb/dongtaixinwen/shi
zhengyaowen/202305/t20230530_500730. html.

［2］民办教育如何打开社会资本之门？访中国民办教育协会会长刘林［EB/
OL］.（2024－04－14）［2024－09－20］. https：//canedu. org. cn/site/con-
tent/7554. html.

［3］教育部召开民办高校党建工作推进会［EB/OL］.（2023－12－21）［2024－
07－08］. 教育部，http：//www. moe. gov. cn/jyb_xwfb/gzdt_gzdt/moe_1485/
202312/t20231221_1095727. html.

［4］广东拟投 9600 万元 支持民办高校发展［EB/OL］.（2023－08－08）［2024－
09－15］. 人民网，http：//gd. people. com. cn/n2/2023/0808/c123932－4052
3326. html.

［5］王春秀. 引导规范民办教育发展 提升办学质量［EB/OL］.（2023－03－12）
［2024－09－08］. https：//bbs. dezhifl. com/thread－1076706－1－1. html.

［6］孙鸿鹤. 提高公共服务水平 增强均衡性和可及性［EB/OL］.（2022－11－
15）［2024－09－08］. http：//theory. people. com. cn/n1/2022/1115/c40531－
32566153. html.

［7］国务院教育督导委员会关于印发《教育督导问责办法》的通知［EB/OL］.

（2021 – 07 – 31）［2024 – 07 – 09］. 教育部网站，https：//www. gov. cn/
xinwen/2021 – 07/31/content_5628630. htm.

［8］杨伟国. 夯实新质生产力发展的人才要素基础［EB/OL］.（2024 – 08 –
19）［2024 – 10 – 08］. http：//www. xinhuanet. com/politics/20240819/ff3dd
213a8a84c94afdb09516f70fd86/c. html.

［9］魏建国. 引导规范民办教育服务强国建设［EB/OL］.（2024 – 07 – 04）
［2024 – 10 – 02］. 中国教育新闻网，https：//m. jyb. cn/rmtzgjyb/202407/
t20240704_2111217829_wap. html.

［10］国务院教育督导委员会办公室《关于加强和改进民办学校督导工作的若
干意见（试行）》的通知［EB/OL］.（2023 – 02 – 07）［2024 – 08 – 01］.
湖南省教育督导网，http：//rank. chinaz. com3443000001. jydd. hnedu. cn/c/
2023 – 02 – 07/5031256. shtml.

［11］上海杉达学院30周年校庆论坛：应用型民办大学如何在产教融合中走向高
质量发展？［EB/OL］.（2022 – 09 – 28）［2024 – 10 – 12］. 澎湃新闻，
https：//m. thepaper. cn/wifiKey_detail. jsp？contid = 20181023&from = wifiKey#.

［12］上海民办高校筹建国际交流与合作联盟［EB/OL］.（2023 – 06 – 15）
［2024 – 10 – 12］. 中新网上海，https：//www. sh. chinanews. cn/kjjy/
2023 – 06 – 15/112932. shtml.

［13］习近平在全国教育大会上强调 紧紧围绕立德树人根本任务 朝着建成教育强国
战略目标扎实迈进［EB/OL］.（2024 – 09 – 10）［2024 – 09 – 11］. 央视网，
https：//news. cctv. com/2024/09/10/ARTIoav7cGGu4kQUdreTEtBa240910. shtml.

［14］国家教委关于社会力量办学的若干暂行规定［EB/OL］.（1987 – 07 – 08）
［2024 – 09 – 11］. 法邦网，https：//code. fabao365. com/law_262308. html.

［15］中共十三大报告［EB/OL］.（1987 – 07 – 08）［2024 – 09 – 11］. 人民网，
http：//zsng. zhoushan. gov. cn/art/2009/2/17/art_1228974857_41054594. html.

［16］确立社会主义市场经济体制的改革目标［EB/OL］.（2019 – 10 – 25）
［2024 – 09 – 11］. 新华社，https：//www. gov. cn/xinwen/2019 – 10/25/

content_5444716. htm.

［17］民办高等学校设置暂行规定［EB/OL］.（1993 – 08 – 17）［2024 – 10 –
13］. 教育部网站，http：//www. moe. gov. cn/srcsite/A02/s5911/moe_621/
199308/t19930817_81912. html.

［18］社会力量办学条例［EB/OL］.（1997 – 07 – 31）［2024 – 10 – 13］. 广东
省人民政府网，http：//www. gd. gov. cn/zwgk/gongbao/1997/27/content/post_
3358788. html.

［19］中华人民共和国民办教育促进法［EB/OL］.（2002 – 12 – 28）［2024 – 07 – 01］.
中华人民共和国中央人民政府，https：//www. gov. cn/gongbao/content/2003/
content_62224. htm.

［20］中华人民共和国民办教育促进法实施条例［EB/OL］.（2004 – 03 – 05）
［2024 – 07 – 01］. 中华人民共和国中央人民政府网，https：//www. gov.
cn/gongbao/content/2004/content_62723. htm.

［21］国家发展改革委、教育部、劳动和社会保障部关于印发《民办教育收费管理
暂行办法》的通知［EB/OL］.（2005 – 03 – 02）［2024 – 07 – 01］. https：//
www. doc88. com/p – 5048781190492. html.

［22］教育部关于《加强独立学院招生工作管理的通知》［EB/OL］.（2005 –
02 – 28）［2024 – 09 – 11］. 教育部网站，http：//www. moe. gov. cn/src-
site/A15/moe_776/s3258/200502/t20050228_79888. htmll.

［23］国务院办公厅关于加强民办高校规范管理引导民办高等教育发展的通知
［EB/OL］.（2006 – 12 – 21）［2024 – 06 – 01］. 中华人民共和国中央人民
政府网，https：//www. gov. cn/gongbao/content/2007/content_512700. htm.

［24］民办高等学校办学管理若干规定［EB/OL］.（2007 – 02 – 03）［2024 –
09 – 11］. 教育部网站，http：//www. moe. gov. cn/jyb_xxgk/xxgk/zhengce/
guizhang/202112/t20211206_585042. html.

［25］独立学院设置与管理办法［EB/OL］.（2008 – 02 – 22）［2024 – 09 – 11］.
教育部网站，http：//www. moe. gov. cn/srcsite/A03/s181/200802/t20080222_

170538. html.

[26] 教育部关于鼓励和引导民间资金进入教育领域促进民办教育健康发展的
实施意见 [EB/OL]. (2012 – 06 – 18) [2024 – 09 – 11]. 教育部网站,
http：//www. moe. gov. cn/srcsite/A03/s7050/201206/t20120618_138412. html.

[27] 国务院关于鼓励社会力量兴办教育促进民办教育健康发展的若干意见
[EB/OL]. (2016 – 12 – 29) [2024 – 07 – 09]. 教育部网站, http：//www.
moe. gov. cn/jyb _ xxgk/moe _ 1777/moe _ 1778/201701/t20170118 _
295161. html.

[28] 教育部、人力资源社会保障部、工商总局关于印发《营利性民办学校监督
管理实施细则》的通知 [EB/OL]. (2017 – 01 – 05) [2024 – 04 – 11]. 教
育部网站, http：//www. moe. gov. cn/srcsite/A03/s3014/201701/t20170118 _
295144. html.

[29] 普通高等学校学生管理规定 [EB/OL]. (2017 – 02 – 04) [2024 – 10 –
13]. 教 育 部 网 站, http：//www. moe. gov. cn/jyb _ xxgk/xxgk/zhengce/
guizhang/202112/t20211206_585064. html.

[30] 财政部、教育部、人力资源社会保障部 退役军人部 中央军委国防动员部
关于印发《学生资助资金管理办法》的通知 [EB/OL]. (2021 – 12 – 30)
[2024 – 10 – 13]. 教育部网站, http：//www. moe. gov. cn/jyb_xxgk/moe_
1777/moe_1779/202308/t20230807_1072786. html.

[31] 中华人民共和国民办教育促进法实施条例 [EB/OL]. (2021 – 04 – 07)
[2024 – 09 – 14]. 教育部网站, http：//www. moe. gov. cn/jyb_sjzl/sjzl_
zcfg/zcfg_jyxzfg/202110/t20211029_575965. html.

[32] 中共中央办公厅、国务院办公厅印发《关于深化新时代教育督导体制机
制改革的意见》[EB/OL]. (2020 – 02 – 19) [2024 – 09 – 14]. 教育部网
站, http：//www. moe. gov. cn/jyb _ xxgk/moe _ 1777/moe _ 1778/202002/
t20200219_422406. html.

[33] 党的二十届三中全会审议通过《中共中央关于进一步全面深化改革、推进

中国式现代化的决定》［EB/OL］．（2024 - 07 - 18）［2024 - 09 - 14］．新华社，https：//www.ccdi.gov.cn/toutun/202407/t20240718_362660.html.

［34］教育部办公厅关于印发《民办教育工作部际联席会议 2019 年工作要点》的通知［EB/OL］．（2019 - 03 - 28）［2024 - 10 - 11］．教育部网站，http：//www.moe.gov.cn/srcsite/A03/s3014/201904/t20190408_377035.html.

［35］中国民办高等教育的引领者——黄河科技学院建校 40 周年发展之路［EB/OL］．（2024 - 05 - 24）［2024 - 09 - 22］．教育部网站，https：//www.hhstu.edu.cn/info/1052/22176.htm.

［36］习近平：高举中国特色社会主义伟大旗帜 为全面建设社会主义现代化国家而团结奋斗——在中国共产党第二十次全国代表大会上的报告［EB/OL］．（2022 - 10 - 25）［2024 - 01 - 10］．新华社，https：//www.gov.cn/xinwen/2022 - 10/25/content_5721685.htm.

五、英文文献

［1］KAPLIN W A, LEE B A. The Law of Higher Education, 5th Edition：Student Version［M］. San Francisco：Jossey - Bass, 2014.

［2］FISHNER J T. Due Process in the Realm of Higher Education：Considerations for Dealing with Students Rights［J］. Online Submission, 2006 (32).

［3］UNESCO. 2021/2 Global Education Monitoring Report：Non - state Actors in Education Who Choose? Who Loses?［M］. Published in 2021 by the United Nations Educational, Scientific and Cultural Organization, Paris：France.

［4］BAMFIELD L. Child Poverty and Social Mobility：Taking the Measure of the Coalition's "New Approach"［J］. The Political Quarterly, 2012 (04).

［5］Department for Work and Pensions, Department for Education. Child Poverty in the UK：The Report on the 2010 Target［R］. London：the Stationery Office. 2012.

［6］Department for Education. Children and Families Act 2014［R］. London：HMSO. 2014.

［7］ Department for Innovation，Universities and Skills. Education and Skills Act 2008 ［R］. London：HMSO. 2008.

［8］ Child Poverty Unit. Child Poverty Act 2010 ［R］. London：HMSO. 2010：4.